JN419530

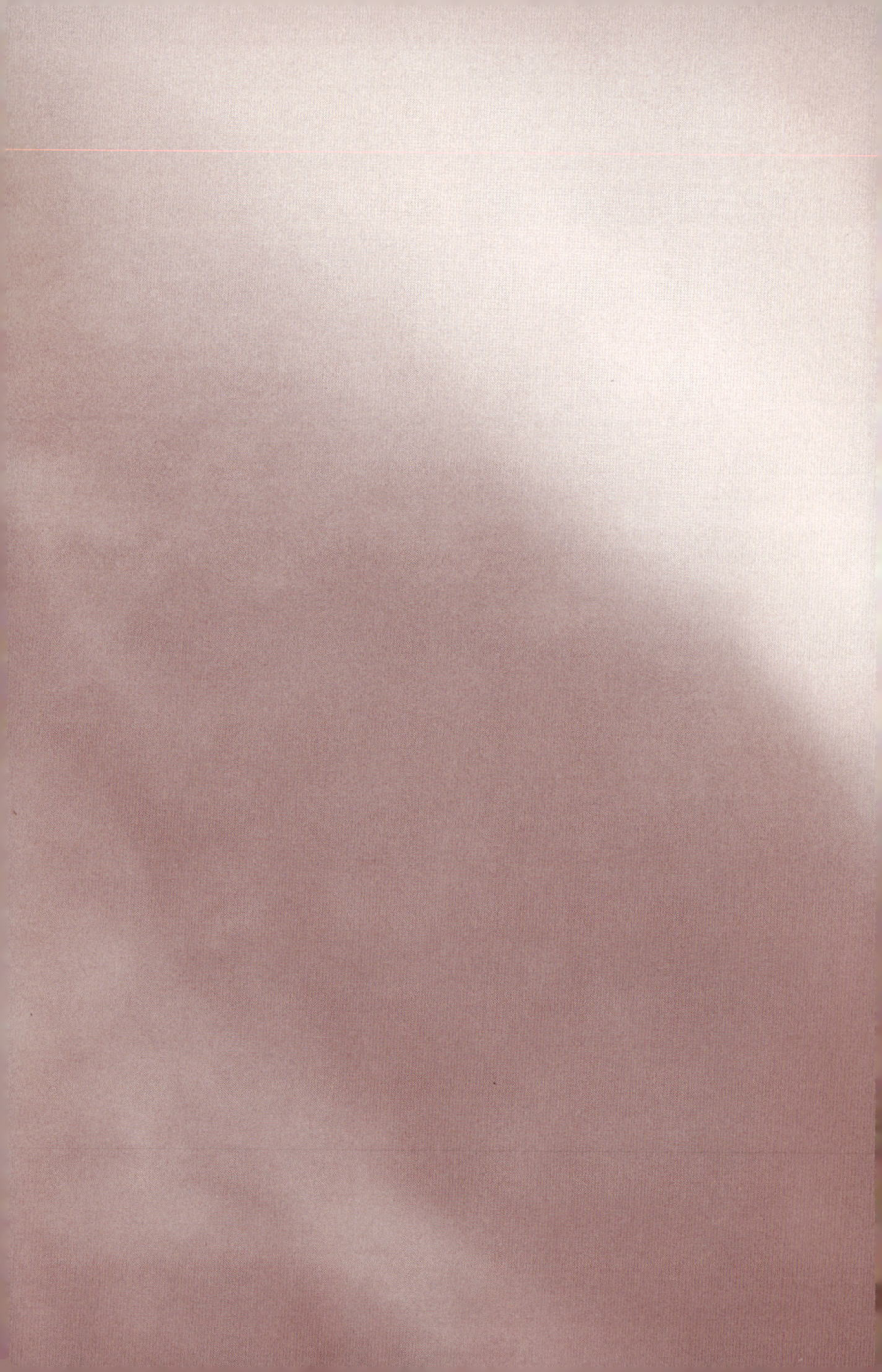

파일럿의, 시간

신지수의 비행 일기 <시즌 1>

파일럿의, 시간

신지수의 비행 일기 ^시즌 1v

글·그림_ 신지수

책으로여는세상

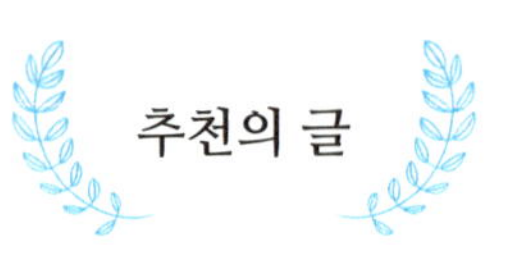

추천의 글

막연한 동경만 품고 평범한 직장 생활을 이어 가던 제가 신지수 기장님의 글을 접하며 막연한 꿈이 구체화되었고, 지금은 저만의 아름다운 비행을 이어 가는 항공인이 되었습니다. 《파일럿의, 시간》은 조종사들이 맞닥뜨리는 다양한 역경, 이를 극복해나가는 과정, 그리고 그 속에서 피어나는 소중한 감정들을 누구보다도 정확하고 섬세하게 담아내고 있습니다. 비행을 이어 가면 이어 갈수록, 이 책 속의 표현들이 더욱 깊이 제 가슴에 와닿습니다.

- 박준호 (B737 기장 · 제주항공)

진로를 고민하던 시기에 이 책을 읽었다면, 나는 분명 '신지수 키즈'가 되어 조종사나 작가가 되기를 꿈꾸었을 것이다. 그를 닮아 담백하고 명확한 글에 재미와 비행 상식까지 더해져, 하늘 위의 순간이 생생히 펼쳐지고 비행을 넘어 삶을 바라보게 된다.

- 장윤주 (운항기술팀 · 에어프레미아)

《파일럿의, 시간》은 단순한 비행 기록을 넘어, 한 조종사가 하늘에서 발견한 삶의 지혜를 전해줍니다. 조종실의 치열한 긴장감과 하늘을 향한 설렘, 그리고 끝내 지켜내야 하는 책임의 무게가 진솔하게 담겨 있습니다. 항공인의 꿈을 품은 이들에게는 든든한 길잡이가 되고, 일반 독자들에게는 삶을 더 넓게 바라보는 시야를 선물할 책입니다.

- 구종성 (독자)

이 책의 이야기들은 비행을 꿈꾸던 막연한 학생을 어느새 비행기와 함께 하늘에 스며드는 경험을 하게 해주었습니다. 공학적이고 복잡해 보일 수도 있는 비행을 일상적이고 생생한 우리의 이야기로 풀어낸 이 책은, 하늘을 좋아하는 모든 분들을 '파일럿의 시간'으로 초대할 것입니다.

- 홍진영 (B787 부기장 • 에어프레미아)

합격 후 입사를 기다리며 처음 펼쳐든 책이 《파일럿의, 시간》이었다. "기주야, 사람들이 이걸 궁금해할까?" 신 기장님은 언제나 본인이 쓰고 싶은 글이 아니라, 독자들이 궁금해할 이야기를 어떻게 하면 더 쉽게 전할 수 있을지 고민하시는 분이다. 파일럿이 멀고 멋지게만 느껴졌다면, 《파일럿의, 시간》 속에서 친근한 동네 아저씨 같은 기장님의 이야기를 만나보길 바란다.

- 신기주 (객실승무원 • 에어프레미아)

항공업계를 포함하여 어떠한 전문 분야에서도 신지수 기장의 글보다 더 깊이 있고, 전문적이며, 감동적인 글을 보지 못했습니다. 조종사를 꿈꾸는 젊은이들과 비행에 관심이 있는 분들께 꼭 권해드리고 싶습니다.

- 서용수 (前 한국민간항공조종사협회장 · B747-400 기장)

지금 비행을 이어 가는 분들에게도, 내일의 비행을 꿈꾸는 분들에게도 '나만의 아름다운 비행'을 건네는 책입니다.

- 최수연 (운항관리사 · 에어프레미아)

비행과 조종사, 모든 남자들의 꿈입니다. 이것은 생텍쥐베리의 작품과 《갈매기의 꿈》 같은 소설의 영향이기도 합니다. 그러나 지금까지의 작품들은 환상적이거나 감동적이기는 했지만 현실적이진 않았습니다. 하지만 신지수 기장에게 있어서 비행이란 매일매일의 삶이며 인생입니다. 그 비행의 체험이 하늘로부터 보통 사람들의 영역인 땅으로 내려왔기 때문에 더 진한 감동과 공감을 느끼게 합니다. 그 많은 시간을 죽이며 그대와 태평양을 날던 때가 그립습니다.

- 김홍연 (前 대한항공조종사노조위원장 · A330 기장)

개정판을 펴내며

14년 만에 개정판을 출간하게 되었다. 세대를 넘어 지금까지 낡은 책을 찾는 독자가 있다는 사실이 영광스럽고, 같은 내용 그대로 개정판을 낼 수 있다는 것이 더 영광스럽다. 어릴 적 이 책을 읽고 지금은 조종사가 된 후배들을 가끔 본다. 중학생, 고등학생 친구들이 이제는 어엿한 조종사가 되어 월급을 받고 일하는 모습이 신기하다. 아마도 그 친구들은 나의 동화 같은 이야기를 현실을 통해 묘한 기시감으로 맛보았을 것이다. 물론 그들이 마음속에 담은 비행기와 하늘에 대한 사랑은 내 작은 에피소드들이 부끄러울 정도일 테지만.

오랜 세월이 지나 개정판을 내려고 하니 마음이 급해졌다. 고치고 싶은 것이 너무 많아서다. 문구도 표현도 촌스럽고, 웬 형용사는 이렇게 난무하는지, 요새 감성은 이게 아닌데… 등등 마음에 들지 않는 것 투성이다. 마치 유행이 한참 지난 영화나 음악을 감상하는 것 같은 오그라듦….

하지만 아무것도 고치지 말라는 주변의 조언이 내 책에 대한, 내 삶에 대한 무거운 회고를 불러일으켰다. 세련되게 화장하고 덧칠하고 싶은 내 부끄러운 과거가 결코 가볍지 않도록 박수를 쳐주는 사람이 있다니, 이렇게 고마울 수가 없었다. 자화자찬이지만, 내 책이 아직까지 있어야 하는 이유를 조금 알 것 같았다. '병아리가 날기 시작하는 과정을 날것으로 쓴 이야기', '병아리들이 서로 위로하고 응원하는 성장 스토리'인데, 다 자란 수탉이 돌아보면 쑥스러울 수밖에.

그 시절 미생의 조종사는 어느덧 은퇴를 꿈꾸는 노기장이 되었다. 개정판을 새로 꾸미면서 30년 비행 생활을 뒤돌아보는 귀한 시간을 선물 받았다. 그날들이 그립기도 하고, 부끄럽기도

하다. 하지만 새롭게 피어나는 새싹들을 새로 맞이한다는 기대를 하니 마치 꿈을 꾸는 것 같다.

젊은이와의 만남은 언제나 내게 득이 많다. 마치 꿈의 대화처럼, 그들과의 대화를 통해 남은 시간을 어떻게 살아야 할지 고민하는 용기를 얻게 된다. 이 책을 통해 새롭게 꿈을 키우는 햇병아리부터 더 높이 날아보겠다고 푸닥거리는 조나단 리빙스턴까지 다 함께 꿈의 대화를 나누고 싶다. 서로를 다독거리고 응원하면서.

마지막으로 내 책을 사랑해준 독자들에게 정말 고맙다는 말을 전하고 싶다. 개정판에 새로운 이야기는 없으나 대신 그림을 조금씩 그려 넣었다. 솜씨는 형편없지만 성의로 봐주면 좋겠다.

그리고 내게 언젠가, 병아리-미생 조종사가 아닌 송골매-완생 기장의 이야기를 써 내려갈 수 있는 날이 오길 간절히 희망해본다.

초판 여는글

비행은
나를 찾아 떠난 여행이었다

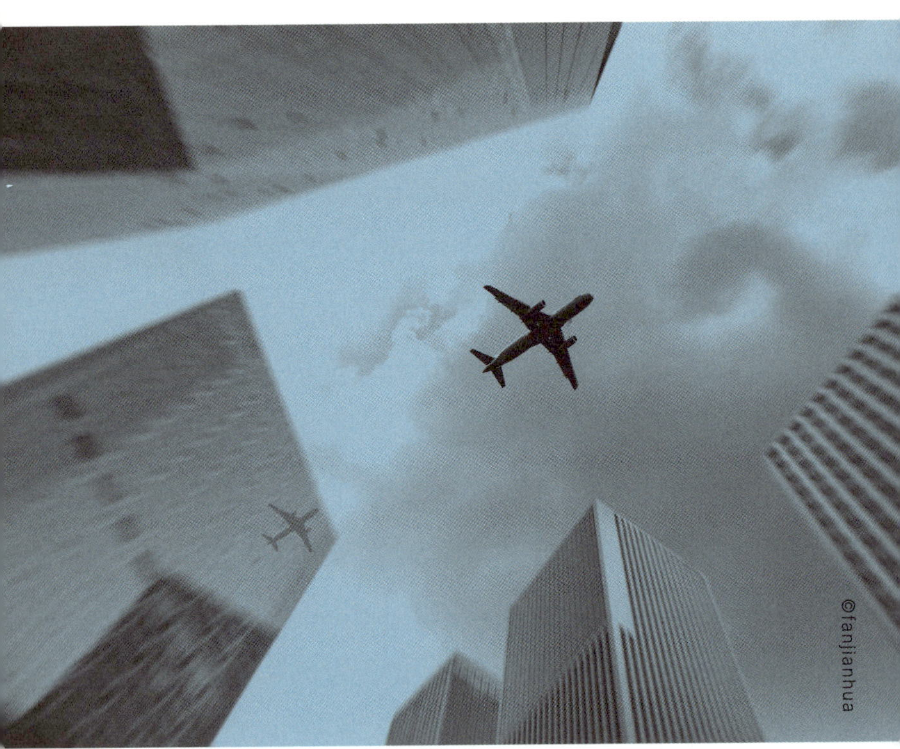

나는 대학에서 경영학을 공부했고, 졸업 후에는 모 대기업에서 해외 영업을 했다. 그런 내가 뒤늦게 조종사가 된 가장 큰 이유는 '경쟁이 싫어서'였다.

1990년대 초 우리나라는 민주화에 진일보를 이루면서 한편으로는 사회 전반에 걸쳐 큰 변화의 바람이 불었다. 그동안의 경제개발 성과가 내수 경제 시장의 확대로 이어지며 유례없는 경제 활황을 누렸고, 사람들은 미래에 대한 장밋빛 꿈을 안은 채 축배의 잔을 들었다.

다 함께 노래를 부르며 무작정 앞으로 나아가던 시대였고, '경쟁'이란 모두에게 미덕이자 기회였다. 그리고 늘 그랬듯이, 일찍 일어나는 새 또는 높이 나는 새가 게임에서 이기는 사회였다. 하지만 지금처럼 증오 속에서 살아남기 위한 어둡고 처절한 경쟁이 아닌, 다 함께 땀방울을 흘리며 즐겁게 공을 향해 뛰어다니는 스포츠 게임과 같은 경쟁이었다.

그러나 나는 그런 경쟁조차도 싫었다. 나는 원래부터 도박이나 게임을 싫어했고 운동 경기에서조차 이기는 것이 그리 기분 좋은 일이 아니었다. 내가 이기는 것이 미안했고, 나 때문에 기회를 잃는 사람들을 보는 것이 싫었기 때문이다. 그렇지만 내가 지거나 낙오되는 것은 더더욱 괴로운 일이었다. 그렇다보니 나는 이도저도 아닌, 그저 재주는 있으나 요령은 없고, 어느 정도 책임감은 있지만 의욕이 넘치지는 못한 그런 젊은이로 보였을 것 같다.

나는 당시 시대가 요구하는 그런 젊은 인재상이 되기에는 여러모로 한계가 있다고 느꼈고, 그래서 조금씩 전문 기술 분야로 관심을 돌리기 시작했다. 그 중에서도 남들과의 처절한 경쟁이 필요 없는, 자신과의 싸움을 견뎌내고 스스로의 능력과 노력만으로 목표를 성취할 수 있는, 그리고 그것만으로 남들에게 인정받고 존경받을 수 있는 그런 전문직을 찾아 나서게 되었다. 그리고 어느 순간, 조종사란 직업이 그런 내 생각에 정확히 맞아떨어지는, 그러면서도 너무나 매력적인 직업이란 것을 알게 되었다.

1995년 6월, 제주비행훈련원 26기 훈련생 신분으로 비행 훈련을 받기 시작한 나는, 1998년 대한항공 정식 부기장이 되었고 내 어깨에는 석 줄짜리 금빛 견장이 채워졌다. 정말 잊지 못할 감격적인 순간이었다. 그때 내 나이 서른이었다. 그로부터 12년 동안 부기장 생활을 했다. 그사이 힘들었던 적도 있었고 무기력해졌던 때도 있었다. 2009년에는 드디어 기장이 되었고, 그때의 감격도 잊히지 않는다. 그동안의 나의 노력이 회사와 다른 조종사들에게 인정을 받은 것이고, 진정한 '~장이'로서 다시 태어나게 되었기 때문이다.

열심히 날았는데 시간은 너무나 빨리 지나가 버렸다. 청춘은 저 푸른 하늘 속에 모두 사라져 버렸고, 미래를 꿈꾸던 젊은 그때가 그리워진다. 하지만... 젊은 날 아름다운 꿈을 품고 하늘에 올라 내 청춘을 푸른 날개에 실어 고이 보낼 수 있었던 것은 무엇보다도 영광스러운 일이 아닐 수 없다. 하늘과 함께하기에, 날개와 같이 있기에, 그래서 내 직업이 자랑스럽다.

지금도 젊은 부기장들을 보면 너무나 멋져 보인다. 나도 그때 그렇게 보였는지는 잘 모르겠지만 말이다.

2011년 9월 신지수

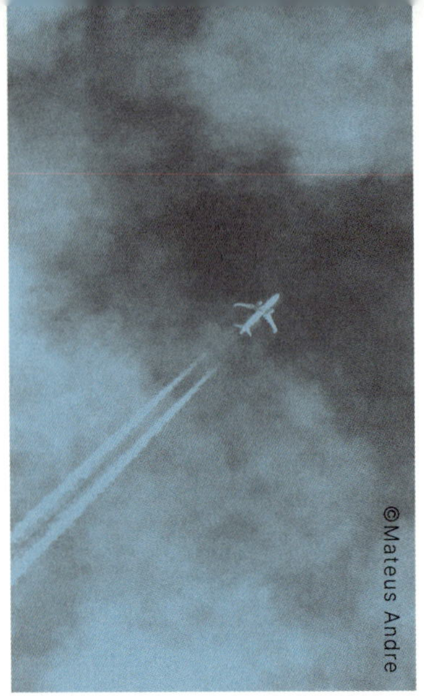

*이 책의 이야기들은 모두 경험한 일들을 바탕으로 했습니다. 그러나 글 가운데는 드라마틱한 요소를 위해 각색되거나, 실제와 다른 허구가 들어간 부분도 있음을 밝힙니다. 또한 글 가운데 포함된 주장이나 다소 강한 의견들은 제가 소속되어 있는 회사나 기타 단체들의 공식적인 입장이 아닌 제 개인적인 의견임을 밝힙니다.

차례

/01/

눈

Snow

"높이 날 수 있다면

어두운 구름 위에 있는

눈부신 태양을 볼 수 있다."

2010년 1월 4일. 나는 지난해 8월에 개업한 초보 기장. 나름 순진한 다짐과 함께 2010년 대망의 새해 첫 비행을 맞았다. 인천과 삿포로를 오가는 기분 좋은 낮 비행. 그러나 한국어-일어-영어로 멋진 새해 인사를 준비하던 어제의 가슴 설렘은 서서히 암울한 울렁증으로 바뀌어 갔다. 물론 눈 때문이다. 뉴스에서 몇십 년 만에 폭설이라고 호들갑을 떨어대던 바로 그 눈.

이른 새벽 출근길, 허옇게 김 서린 버스 창을 손등으로 문질러보니 아직 어두운 새벽인데도 잠이 오지 않는다. 끊임없이 털어재끼는 눈은 고요한 새벽의 인천공항 고속도로를 소리 없이 삼켜 버렸다. 여기저기 퍼져 있는 차들…. 깜빡거리는 비상등 사이사이로 밤새 도착한 우리 승무원들도 가끔 보이는 듯하다. 얼마나 어이없을까, 피곤할 텐데….

오늘 같은 날에도 배고픈 어미 새는 먹이를 찾아 춥고 눈 오는 하늘을 날아오르겠지. 내가 딱 그 꼴인가? 날개에 눈이 쌓이면 털어내고, 펑펑 내리는 눈발 속으로 눈을 가늘게 뜨며, 착륙할 때에는 행여 미끄러져 다리라도 부러질까 조심 또 조심하겠지. 어떤 녀석은 정말 미끄러지기도 할 거야. 어이쿠! 내가 괜히 오싹해진다.

'왜 하필 오늘이야?'

혼자 속으로 생각하는데, 입술에 힘이 들어가더니 나도 모르게 파열음이 새어 나온다.

"에이… XX!"

조종사들과 객실 승무원들이 모여 그날의 비행에 대해 이야기를 나누는 시간, 나는 덤덤하게 브리핑을 시작했다. 어차피 취소되지 않을 비행, 한숨이나 쉬고 있을 필요는 없었다. 인천도 눈, 삿포로도 눈. '단디' 준비하고 시간과 함께 흘러갈 수밖에…. 늘 시간의 물결에 몸을 싣고 살아가지만 파도가 거셀 땐 그저 힘을 빼고 리듬을 타면 결코 뒤집히지 않을 것이라 믿고 있다.

브리핑 분위기는 좋았다. 나는 평소보다 더 밝게 웃었고 인자해 보이는 사무장(객실 승무원들의 장) 또한 밝게 응해주니, 함께한 모두가 복 없는 2010년을 탓하지 않고 같이 웃을 수 있었다.

하지만 10시 5분 출발 예정이던 비행기는 짐작대로 오랫동안 지연되었고, 나는 출발 게이트에서 긴 시간을 기다려야 했다. 손님들과 섞여 앉아 눈 나라가 되어 버린 창밖 풍경을 바라보고 있노라니 비행기를 타는 목적은 서로 다르지만 한 배를 탄다는 이유만으로 동지애가 느껴졌다. 계획 차질에 따른 온갖 스트레스를 잊은 듯, 계속해서 들려오는 구구절절 지연 사과 방송은 어느새 그저 시끄럽기만 할 뿐, 아무 의미 없는 반복으로 들렸다.

커다란 창밖 너머 펼쳐진 아름답기 이를 데 없는 파노라마 풍경을 바라보고 있으니, 마치 뭔가에 홀린 듯 두 눈의 초점이 멀어지고 눈꺼풀의 움직임은 점점 느려진다. 마치 동화책의 한 페이지처럼 하얀 눈 나라에서 움직이는 작은 사람들은 진짜가 아닌 것만 같았다. 그들은 여기저기서 삽을 들고 바

© 신지수

쁘게 움직이고 있었고, 공항 안에서 온갖 물건들을 실어 나르던 작은 토잉카(Towing car)들은 멈춰 선 채 미끄러운 눈밭 위에서 헛바퀴를 돌리고 있었다.

보기 드문 장관…! 비행기들은 한 대, 그리고 또 한 대 아주 느릿느릿 운항하고 있었다. 이렇게 죽도록 고생하고 있는 모습을 창문 안에서 보고 있노라니, 잠시 뒤 내게도 찾아올 시련은 꿈속에 묻어둔 채 그저 신기한 얼굴로 눈앞에 펼쳐진 광경을 감상하고 있었다.

3시간의 기다림 끝에 드디어 내가 탈 비행기가 게이트에 도착했다. 조종실에 짐을 풀고 출발 준비를 위해 가장 먼저 한 것은 비행기 외부 점검. 그런데 이것이 뜻밖에 즐거웠다. 무릎까지 눈이 차올라 연인만 있다면 영화 '러브 스토리'와 같았을 것이다. 물론 여기서 드러누워 버리면 아직도 눈 구경에 빠져 있는 게이트의 승객들이 황당해 아니 불안해하겠지?

기상 정보, 활주로 노면 정보를 바쁘게 수집하고, 눈이 쌓인 활주로의 이륙 성능 계산을 했다. 자주 하지 않는 일이라

행여 실수라도 할까 몇 번을 다시 계산했다. 운항규범 상의 관련 규정들도 꼼꼼하게 살펴보았다. 음음….

우선 이륙시 최고 출력으로 이륙해야 한다. 항공기가 완전히 정지된 상태에서 4분의 1 정도의 출력만으로 엔진을 가동시켜 엔진 주변의 눈을 털어낸 다음, 엔진이 정상적으로 작동하는 것이 확인되면 브레이크를 풀어줌과 동시에 출력을 최대로 높여 이륙하는 것이다. 이는 기상이 좋지 않을 때 이륙 거리를 줄여주고 안전한 출력 상승을 시도할 수 있게 해준다. 또 이륙시 날개 엔진의 제빙장치를 사용해 날개와 엔진 주변에 눈이 쌓이지 않도록 해야 한다. 또 비행기 표면의 얼음과 눈을 없애고(제빙), 어는 것을 막기 위해(방빙) 화학용액을 뿌리는 제빙-방빙 절차도 거쳐야 한다. 그리고 용액을 뿌린 뒤 방빙 효과가 지속되는 시간도 따로 계산해두어야 한다. 거기다 동체와 날개에 눈이 쌓이는 정도도 확인해야 하고, 이륙시 보조날개 사용 절차도 미리 확인해두어야 한다. 참 이것저것 많기도 하다.

조금 전까지 동화 속 풍경을 즐기던 나는 이미 업무 모드로 급변신했다. 조종사라면 누구나 느끼는 강력한 압박, 바로 '한 방에 훅~ 간다!'라는 무척 심플한 명제가 마음 반대편 한구석에서 버티고 있었다. 물론 이 명제는 '잘못하면…' 이라는 가정법 어구가 생략된 문장이다.

이런저런 바쁜 준비가 끝나자 승객 탑승이 시작되었다. 원래 계획보다 이미 4시간 가까이 늦어져 있었다. 출발부터 지친 승객들과 승무원들이 모두 자리에 앉고, 드디어 비행기를 게이트로부터 푸쉬백(Push back) 했다. 푸쉬백은 후진을 못하는 비행기를 위해 전진할 수 있는 위치까지 토잉카로 밀어주는 것을 말한다. 26번 게이트에서 Red3 지점으로 비행기를 미는데, 도중에 지상에서 연락이 왔다. 심상치 않은 목소리는 여느 때보다 훨씬 높은 톤이다.

"기장님, 미끄러워서 더 이상 안 밀립니다. 그냥 여기서 엔진 걸고 나갈 수 있을까요?"

굉장히 미끄러운가 보다. 비행기는 Red3 지점까지 가지 못한 채 삐딱하게 서 버렸다. 다시 정신을 차리고 곧바로 관제사에게 현 위치에서 엔진 시동을 걸 수 있게 해 달라고 요청했다. 상황이 상황인지라 고마운 관제사는 얼른 허가해주었다. 엔진 시동을 다 걸었는데, 마침 출발을 위해 토잉카에 끌려가던 747-400 점보 한 대가 바로 앞에서 퍼져 버렸다.

'이런, 난 어떻게 나가라고…!'

사람들이 열심히 삽질을 하며 헛도는 토잉카 바퀴를 달래고 있는데, 육중한 점보는 비웃기라도 하듯 꿈쩍 않고 버티고 있었다. 기다리는 시간은 지루하기만 한데, 길다고 하는 기내 안전 방송도 어느새 끝나 버렸다. 어쩔 수 없이 막간을 이용해 지연 양해와 제빙 작업에 대한 안내 방송을 했다. 한국어와 영어에 이어 일본말로 또박또박 안내 방송을 하고 있는데 갑자기 무선통신 소리가 시끄럽다. 웬 스피커 볼륨을 그리 크게 틀어놨는지…. 갑작스런 통신 소리에 깜짝 놀라 순간 혀가 꼬이고 머리가 하얘져 급기야 방송은 잠시 중단.

"KAL 765, 우측으로 택시(Taxi : 비행기가 지상에서 스스로의 힘으로 이동하는 것)해서 빠져나갈 수 있겠습니까?"

기내 방송이 꼬인 상태에서 관제사의 다급한 목소리가 객실까지 생중계되는 방송 사고가 났다. 그러나 나중에 사무장에게서 들었지만 통신 소리가 방송을 타니 손님들은 오히려 '조종실이 무척 바쁘고 힘들구나…' 하는 동정 어린 분위기였다고 한다. 나름 위로해준 사무장은 센스쟁이다.

어쨌든 이런 노면 상태에서 앞에 퍼진 비행기를 아슬아슬하게 비껴가고 싶은 생각은 추호도 없었다. 아니, 그런 걸 물어보는 사람이 빵구똥구지(관제사님 미안합니다. 재미를 위해 잠깐 영혼을 팔았습니다). 나는 관제사에게 위험한 주행을 정중히 사양하고 점보기가 빠져나올 때까지 기다리겠다고 했다. 아, 그리고 하다가 만 기내 방송도 쑥스럽지만 마저 했다. 그로부터 약 15분이 지난 뒤, 만삭의 점보는 오랜 산고의 고통을 깨고 드디어 자연분만에 성공했다. 우리도 이 점보 비행기에게 축하와 감동의 박수를 보내며 주행을 시작할 수 있었다.

먼저 제빙 작업장에 가기 위해 유도로(활주로와 비행기를 세워두는 주기장을 연결해주는 길)A, 그리고 A5로의 진로를 지시받았다. 그런데 A에서 우회전하니 이거 원 아무것도 안 보인다. 센터라인은커녕 아예 유도로 자체를 알아볼 수 없을 정도로 온통 하얀 눈밭이었다. 유도로 등, 유도로 봉 모두 눈에 파묻혀 보이지 않았는데, 대뜸하게 솟아 있는 유도로 표지판만 여기저기 서로 딴 데를 보며 무질서하게 서 있었다. A5를 찾아 우회전해서 들어가야 하는데, A5도 A6도 전혀 어디가 어딘지 모르겠다. 완전히 오리무중이다. 불안한 마음으로 조금씩 앞으로 가다 보니 A5라고 써 있는 표지판 앞 바닥에 비행

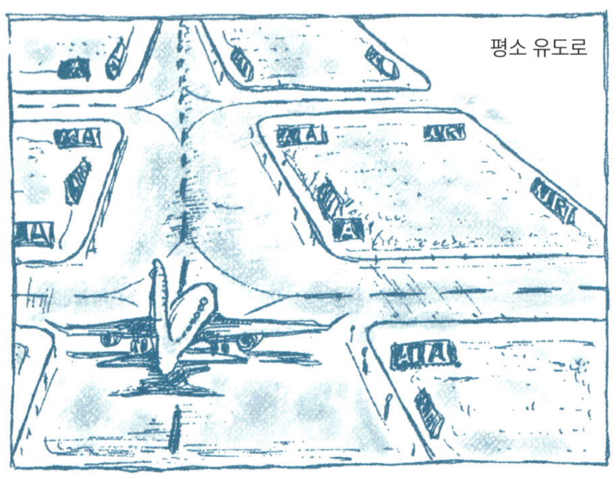
평소 유도로

눈 덮인 유도로
??
© 신지수

기나 차들이 지나간 바퀴 자국들이 보인다.

'여긴가?'

이상해서 관제사에게 우리 바로 앞에 놓여 있는 유도로가 A5 맞는지 물어보니 A5 맞댄다. 그 관제사에게 죄송하지만 한 번만 더 영혼을 팔겠다. 그 분도 빵구똥구였다. 사실 눈이 이렇게 펑펑 내리는데, 멀리 관제탑에서 겨우 쌍안경으로 보고 있을 관제사에게 그런 걸 물어본 나도 어설프긴 마찬가지였다.

'유도로 표지판은 진행 방향에서 기장 쪽(왼쪽)에 있어야 하니 표시를 지난 다음에 돌아야 하는 게 맞는데…. 가만 있어봐, 표지판이 어디 어디에 있는 거야?'

길은 안 보이고 복잡하게 여기저기 표시만 있으니 길을 못 찾은 것이다. 조종사가 아니라면 잘 이해가 안 갈 그런 상황이다. 머릿속 장기판에 장기 말을 올려놓듯 표지판들을 재배치하며 나름 추리를 해보았지만 지능지수의 한계만 뼈저리게 느낀 채 끝내 찝찝한 기분으로 그냥 좀 더 앞으로 가기로 했다.

'틀렸으면 한 바퀴 돌면 되지 뭐. 이대로 직진해도 풀밭은 아니잖아.'

다행히 조금 더 앞으로 가보니 하얀 눈밭 사이로 오른쪽으로 휘어진 노란색 선이 살짝 보였다. 유도로 중앙선이었다. 그리고 그곳이 바로 A5와 만나는 교차로였다.

"빙고! 젠장!"

성격이 전혀 다른 두 가지 감탄사가 동시에 나왔다. 제빙과 방빙 작업이 끝나고 홀드오버 타임(Holdover Time : 방빙 효과 지속시간) 카운트다운이 시작되었다. 우리 비행기는 가장 최근에 제설차가 한 번 쓸고 지나간 33R을 이륙 활주로로 지정받았다. 활주로 쪽으로 가는데 앞선 비행기가 멈춰 섰다. 바퀴가 눈 둑에 걸렸는지 꿈쩍 않는 비행기를 빼내려 엔진에 울트라 파워를 훅~ 넣는다. 요란한 엔진 소리와 함께 눈발이 뒤로 크게 날려 왔다. 다행히 거리를 두고 있어 눈 벼락을 맞지는 않았다. 이거 눈싸움 거는 건가?

이륙 준비를 하고 있는데 갑자기 인터폰 벨이 울렸다. 객실에서 온 콜이었지만 생각지 못한 시점에서 온 콜이라 불안해하며 부기장에게 받게 했다. 그러나 리시버에서는 듣기 좋은 발랄한 목소리가 들렸다.

"기장님, 날개 표면 상태 아주 좋습니다!"

아, 브리핑할 때 오른쪽 세 번째 문에 있는 승무원에게 이륙 전에 날개 위에 눈이나 얼음이 있으면 언제든 보고해 달라고 부탁한 기억이 났다. 얼굴은 정확히 생각이 안 났지만 정말 고마웠다. 아주 발랄한 승무원이었던 것으로 어렴풋이 기억하는데, 내가 한 부탁을 잊지 않고 들어주었던 것이다.

이제 이륙을 하려 한다. 4시간이 넘는 지연, 골치 아픈 성능 계산, 복잡한 규정 절차들, 한 번의 방송 사고를 포함한 총 네 번의 기장 방송, 혹시나 음료수 동날까 남아 있는 물품을 하나하나 세어가며 음료 서비스 하는 객실 승무원들, 오늘 같은 날 비행하는 나만큼 운 없는 부기장, 거기에 하필 이런 날 관숙 비행(수습 조종사가 실제 비행을 견학하기 위해 조종실에 같이 타는 것)을 하러 조종실에 앉아 있는 더 운 없는 학생 부기장. 이 모든 것들을 감내하며 지금 순간을 기다려왔지만 막상 이륙하는 순간이 되자 긴장감은 이제 엄숙함으로 바뀐다.

'비행기야, 이런 날 날게 해서 미안하다. 하지만 오늘 한번 힘차게 날아다오. 너를 믿는다!'

이륙을 시작한다. 미끄러운 눈밭을 굉음을 내며 잘도 뛰어간다. 잠시 뒤 눈을 가늘게 뜨고 거센 바람을 가르며 하얀 눈밭을 박차고 올라간다. 동화 속 풍경은 발밑 저 아래로 멀어져간다. 역시 아름다웠다. 하얀 세상은 너무나 아름다웠다. 그러나 모든 아름다움 속에서도 배고픈 새끼들을 위해 하얀 하늘을 날아오르는 한 마리 파랑새, 그가 가장 아름다웠다. 동화 속 하얀 풍경은 그저 주인공 파랑새의 배경일 뿐이었다.

'가자! 먹이 찾으러.'

잠시 감상에 젖어 있는 사이 비행기는 구름 속으로 빨려 들어갔다. 간간이 기체가 흔들리고 앞은 아무것도 안 보인다. 구름이 꽤 두껍다. 하긴 눈 내리는 양을 보면…. 상당히 오랫동안 구름 속에 머물러 있었다. 동화 속 같은 풍경을 잃어서 그럴까? 몹시 지루하게 느껴졌다.

'어쨌든 출발했다. 다행이다….'

한숨을 돌리고 이것저것 시스템과 내비게이션을 체크해보았다. 이제 늘 하던 대로 상승-순항-강하-착륙만 하면 된다. 이제 긴장을 좀 풀자. 그때였다! 범고래가 수면 위를 박차고 뛰어오르듯 순식간에 구름을 뚫고 나와 버렸다. 그리고 그 위에는 눈부신 태양과 새파란 하늘이 기다리고 있었다. 갑자기 쏟아진 햇살에 눈이 가늘어졌다. 당연한 현상인데 그저 황당하게 느껴졌다. 극과 극의 체험 때문일까? 너무나 눈부시고 따뜻했다. 마치 다른 세상으로 시간을 뛰어넘은 듯한 기분이었다.

'아… 맞다!'

그 어둡던 세상 위에, 그 거센 눈보라 위에, 이토록 따뜻하고 눈부신 태양이 있었구나. 마치 어머니 품속 같은 포근한 햇살이 배고픈 어미 파랑새를 기다리고 있었구나. 외롭지 않았다. 분명 나를 기다려주는 태양이 반드시 길을 비추어주리

© 신지수

라…. 쓸데없는 감상에 젖어 다시 한 번 웃음을 머금으며 힘차게 날아올랐다.

힘든 새해 첫 비행을 마치고 저녁 늦게 인천에 돌아왔다. 인천에 돌아와 착륙할 때는 공항이 스케이트장으로 바뀌어 있었다. 미끄러운 얼음판에서 중심을 잃지 않으려 애쓰는 비행기가 안쓰러웠다. 이 녀석도 정말 지쳤을 것이다. 도착 뒤 밖에 나가 비행기를 어루만졌다. 다리와 엔진, 그리고 까치발을 하고는 동체까지 장갑도 벗은 채 정성스레 어루만졌다.

'정말 잘 날아주었다. 정말 수고했다….'

차가 막힐 것 같아 지하철로 집에 갔다. 그래도 집에 도착하니 12시가 다 되었다. 집사람이 차려준 야참을 먹으며 오늘의 무용담을 밥풀 튀기며 이야기했다. 처음에는 흥미있게 들어주었지만 점점 지루한가 보다. 집사람이 하품을 한다.

문득, 행복하다는 생각이 들었다.

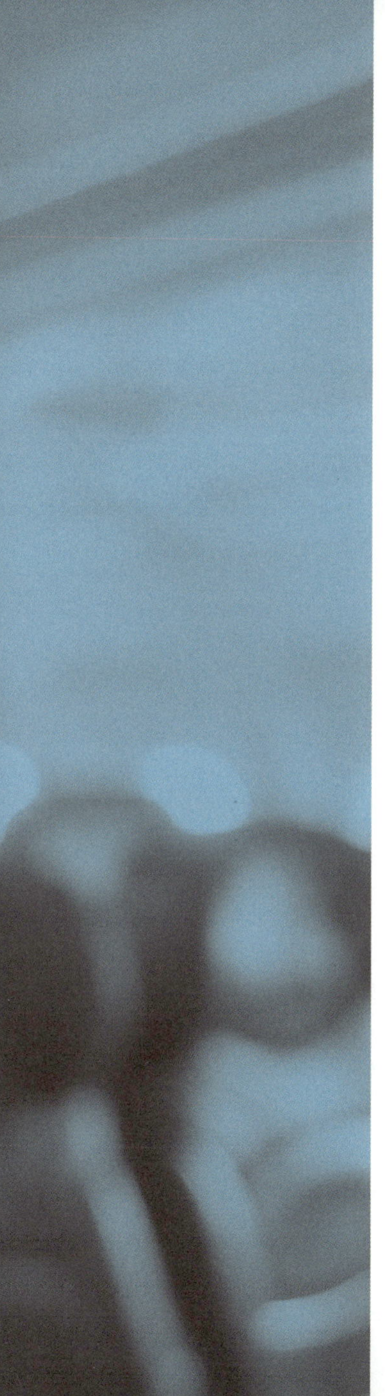

/02/

기억

Memory

"당신이 앞서 죽었기에
우리가 살아 있는 것입니다.
당신이 그립습니다."

1999년 4월 14일 오후, 무슨 이유였는지 기억이 잘 나지 않지만 어쨌든 난 대한항공 본사 빌딩 8층에 있었다. 복도에 나란히 붙어 있는 각종 게시물들을 성의 없이 훑어보고 있을 때 어디선가 귀에 익은 목소리로 날 부르는 소리가 들렸다.

"지수야!"

"아, 형 오랜만이에요. 비행 나가요?"

"아니… 내일 비행 가는데 미리 공부 좀 하려고."

"오~ 대단한데. 너무 열심히 하는 거 아냐?"

나는 빈정거리며 그의 어깨를 툭 쳤다. 그러자 그는 뒤로 한 발 물러나며 쑥스러운 듯 머리를 긁적였다.

"무슨…. 처음 가보는 곳이라서 그래. 너 혹시 상해 가봤니?"

"상해? 지난주에 갔다 왔는데. 저번 달에도 갔어."

"잘됐다. 나 브리핑 좀 해줘라."

그는 어린애 같은 표정을 감추지 못하며 내 팔을 잡아끌었다.

"중국은 정말 짜증나. 형도 조심해요. 여긴 정말 잘해야 본전이야. 글쎄 SID(Standard Instrument Departure : 표준 계기 출발절차)가 말이야, 6마일까지 1천 피트로 가게 되어 있어. 진짜 어이없어!"

1천 피트는 출발 비행 절차에서는 무척 낮은 고도에 속한다. 이 상태로 6마일을 간다는 것은 일반적으로 대형 항공기들에게는 적절치 않은 일이다. 아무튼 나는 자질구레한 이야기까지 섞어가며 상해 홍차오 공항에 대한 경험담을 이야기해주었다. 그는 하나라도 놓치지 않으려 어디선가 구해온 이면지에 깨알 같은 글씨로 이것저것 적어 나갔다. 만족스런 얼굴로 브리핑을 마치자 그는 캔 커피를 사주었고, 나는 담배도 안 피는 그를 옥상으로 끌고 가서는 이런저런 이야기를 나누었다.

"형수님 병원 다시 다니세요? 둘째는 이제 백일 지났어요?"

"백일 지났지. 야, 둘째 낳으니까 첫째랑 또 느낌이 틀리더라. 너무 예뻐. 너도 빨리 둘째 낳아라. 물론 애 엄마가 좀 힘들지만…."

"사실 저도 둘째 생겼어요. 몇 주 안 됐지만…."

"야! 축하한다. 너 닮은 놈 나오면 안 되는데…."

"크… 그건 맞는 말씀이네요!"

쓸데없는 잡담을 너무 많이 한 탓인가? 마지막으로 그가 무슨 말을 했는지, 마지막 그의 얼굴이 어떤 모습이었는지 도무지 기억이 나지 않는다. 그것이 너무 원통하다.

다음날 오후, 한가롭게 집에서 쉬고 있었다. 아무도 없는 집에서 혼자 텔레비전 리모컨을 들고 방바닥 PF 노릇(통상 조종실에는 두 명의 조종사가 근무하는데, PF : Pilot Flying은 조종하는 조종사, PM : Pilot Monitoring은 이를 감시하며 서포트 하는 조종사다)을 하고 있었다. 오후 4시쯤, 재미없는 방송들을 스캔하며 병적으로 채널을 돌리고 있는데 갑자기 모든 방송에서 차임 소리와 함께 뉴스 속보가 떴다.

'대한항공 화물기 상해에서 추락'

"……"

잠시 동안 멍하니 텔레비전 화면 아래에 써 있는 글자를 몇 번씩이나 되풀이해서 읽었다. 서서히 뒷머리가 쭈뼛이 서며 등골이 오싹해졌다. 잠시 뒤 두 번의 차임 소리와 함께 다시 새로운 자막이 떴다.

'대한항공 MD-11 화물기, 상해에서 이륙 직후 추락.
기장 홍성실, 부기장 박봉석, 탑승자 전원 사망.'

오, 하느님 차라리 정말 '박봉석'이었으면 좋겠다. 하지만 혹시나 하는 기대감은 단 몇 초도 견디지 못하고 허무하게 무너졌다. 원통하게도 MD-11 부기장 가운데 '박봉석'은 없다. 그렇다면 바로 어제 만났던, 둘째가 그렇게 예쁘다고 팔불출을 떨어대던 박본석 선배가 상해에서 죽었단 말인가?

망연자실함과 공포감이 차례로 머릿속을 들쑤시고 있었다. 얼마 뒤 전화가 시끄럽게 울어댔다. 부모님, 친구 그리고 기타 친지들이 차례로 안부를 물었다. 그리고 내 목소리를 듣고 안심하는 그들에게 나는 괜찮다며 위로를 하고 있었다. 누가 누구를 위로하고 있는 것인가? 혼란스러웠다.

잠시 뒤 대학교 동문과 선배로부터 긴급한 연락이 왔다. 본석이 형 집으로 어서 오라고. 대학 선배였던 본석이 형이 결국 이렇게 대학 동문들을 한자리에 모았다. 본석이 형 집에 도착했을 때에는 이미 해가 떨어져 어둠이 깔려 있었다. 허름한 빌라 앞에는 벌써 흰색 천막이 쳐져 있었고 생수병이 여기저기 나뉘지고 있었다.

낯익은 회사 사람들도 많았다. 이 사람 저 사람 보는 대로 정신없이 인사를 나눈 뒤, 눈치를 살피며 형수님을 찾아보았다. 좁은 집에서 형수님을 찾는 일은 어렵지 않았으나, 그녀는 이미 실신해 방에 누워 있었고 나를 알아보지 못했다. 그리고 그 옆에는 아무것도 모른 채 장난감을 두 손으로 조몰락거리는 세 살짜리 아이와 배냇저고리로 둘둘 감겨 있는 갓

난아기가 누워 있었다. 순간, 참았던 눈물이 왈칵 쏟아져 나왔다.

'어쩌란 말인가? 도대체 어쩌란 말인가!'

같이 사고를 당한 홍성실 기장 역시 지난해 하반기에 나와 함께 시뮬레이터(모의비행훈련. 대한항공 조종사들은 한 해에 두 번씩 이 훈련을 받는다)를 탔던 조종사였다. 나뿐만 아닌 모든 MD-11 식구들에게 홍성실 기장의 죽음 역시 무척 충격적이고 슬픈 일이었다. 그런데 워낙 친하고 따랐던 본석이 형의 죽음은 나에게는 도무지 납득이 가지 않는 큰 충격이었다.

그는 비행에 열정을 가진 멋진 조종사였다. 남자다운 강한 성격 이면에 순진함과 촌스러움이 숨어 있어 더욱 호감을 주는 사람이었다. 핀잔을 주면 금세 발끈하기도 하고, 칭찬해주면 또 어느새 아이 같은 표정을 짓기도 했다.

사건이 벌어지고 난 몇 주 뒤, 나는 우연한 계기로 회사 내

안전보안실(비행과 관련된 안전, 사고, 보안을 관리하는 부서)에서 근무하기 시작했다. 그리고 나도 본석이 형과 같은 MD-11을 타다 보니 상해 사고 조사팀에도 합류했다.

일을 시작하자마자 우선 CVR(Cockpit Voice Recorder : 블랙박스 중 조종사들의 목소리와 조종실 내 소리를 녹음한 것)부터 들었다. 떨리는 마음으로 책상에 앉아 헤드폰을 쓰고 녹음기의 플레이 버튼을 조심스럽게 눌렀다. 정적이 흐르는 동안 눈을 감은 채 연필을 돌리면서 긴장을 가라앉혔다. 곧이어 홍 기장과 본석이 형의 목소리가 흘러나오자 마치 오랫동안 헤어진 가족과 만난 것 같은 이상한 기분이 들었다.

이런저런 일상적인 이야기가 흘러 나왔으며, 이륙 뒤에는 사투를 벌이는 대화들과 신음소리가 이어졌다. 마지막 추락 직전의 절규하는 목소리와 테이프가 끊어지는 순간에 급습하는 적막은 공포와 극적인 허무감을 동시에 불러일으켰다. 몇 번이고 다시 들었다. 열 번, 스무 번, 서른 번…. 계속 듣다 보니 본석이 형의 목소리가 계속 귓가에 맴돌았다. 마치 귓속말로 나에게 무언가 말하고 있는 것 같은 착각이 들었다.

가만히 헤드폰을 내려놓고 잠시 심호흡을 한 뒤 의자를 밀어 몸을 일으켰다. 그러고는 천천히 옥상에 올라가 담배 한 개비를 입에 물었다. 고개를 들어 다시 한 번 크게 숨을 들이마

셨다. 귓속에서 맴돌던 메아리는 어느새 사라지고 눈앞에 펼쳐진 파란 하늘은 무심하게도 대지를 따뜻하게 덮고 있었다.

그로부터 8개월 뒤인 1999년 12월, 크리스마스가 이미 지난 연말 어느 날이었다. 모두가 기대감과 두려움으로 21세기 새로운 밀레니엄을 준비하던 그때, 나는 런던 교외의 한 호텔에 있었다. 불행히도 12월 22일 벌어졌던 런던 스탠스태드 공항 대한항공 화물기 추락 사고의 현장 대책본부에 합류했던 것이다. 또 한 번의 끔찍한 사고였으나 새로운 밀레니엄을 맞이하는 사람들에게 런던 교외에서 일어난 화물기 추락 사고는 큰 이슈가 되지 못하고 있었다. 무심하게도 런던 시내에서는 익숙하지 않은 숫자인 '2000'을 환호하는 축제가 날마다 벌어지고 있었으며, 본부 사무실의 각종 컴퓨터 장비에는 'Y2K Proof'라는 스티커들이 여기저기 붙어 있었다.

당시 안전보안실에는 사고 현장을 많이 다녔던 베테랑 S과장이 근무했다. 물론 상해 사고 현장에도 있었던 사람이다. 며칠째 함께 사고 현장을 돌아다녔는데, 그날 S과장은 그동안 수습했던 유해 가운데 가장 큰 부분을 찾았다. 그날 저녁밥을 먹고 난 뒤 S과장과 함께 맥주잔을 기울이고 있는데, 텁텁한 기네스 한 잔을 쭉 들이키더니 발그스레 취한 얼굴로 대뜸 이런 말을 했다.

"나, 박본석 씨를 봤어."

"네? 본석이 형을요? 언제요?"

"어젯밤에…."

"꿈속에서 말씀이세요?"

"응…. 지수 씨, 박본석 부기장이 오늘 시신 찾아준 거야."

"……"

안 그래도 추운데 두껍게 껴입은 잠바 속으로 솜털이 쭈뼛서는 것을 느꼈다. 익히 들어 알고 있었지만, S과장은 상해에서도 본석이 형 유해의 가장 큰 부분을 찾았던 사람이다. 뒷머리와 목덜미부터 어깨와 등에 이르는 상체 부분이었는데, 넥타이까지 그대로 매어져 있었다고 했다. 잊고 있었던 본석이 형이 다시 생각났다. 그동안 지지부진 진전이 없던 상해 사고 조사도 조금씩 걱정되었다. 아마도 본석이 형이 원통한가 보다. 내가 최선을 다하지 않은 거 같아 마음이 아팠다.

'아무리 그래도 그렇지, 왜 나한테 오지 않고 S과장님에게 가셨나….'

길게 한숨을 쉬며 연거푸 검은 기네스를 들이키는데 도무지 취하지도, 잠이 오지도 않았다. 서울로 돌아와 어느 정도 런던 스탠스태드 사고가 정리되었을 무렵, 나는 다시 상해 사고 조사팀에서 바쁘게 일을 했다. 2000년 1월 4일에는 본석이 형이 축복해주었던 둘째 아이도 세상에 나왔다. 하지만 내가 런던에 있는 동안 낳아서 그만 녀석이 세상에 나오는 것을 보지 못했다. 지금도 부부 싸움 할 때 집사람이 뽑아드는 비장의 카드다. 어쨌든 둘째 아이는 나를 닮지 않아 얼굴도 예쁘고 마음도 착하다. 모두 본석이 형 말대로 되었다.

상해 사고는 FDR(Flight Data Recorder : 흔히 블랙박스라고 하는 비행기록 장치 중 고도와 속도 같은 여러 비행 기록을 저장한 것)마저도 파손된 무척 미스터리하고 풀기 어려운 사고였다. 낡아 빠진 미쓰비시 군용 레이더가 기록한 레이더 트랙과, 힘들게 복구되어 일부가 손상된 CVR만으로 비행경로를 재구성하는 일은 불가능에 가까웠다. 그러던 와중에 마침내 상해에서 불길한 소식이 도착했다. 걱정했던 대로 사고 원인을 조종사의 고도 착각으로 단정하는 분위기였다. 중국 교통부와 미국 교통안전위원회는 박본석 부기장이 남긴 '천오백 피트요!'라는 말 한마디를 끈질기게 물고 늘어졌다.

우리는 반박을 위해 정신없이 자료를 만들었고, 상해에서 열렸던 한·중·미 최종 합동회의에 이 모든 자료를 들고 참석했다. 회의에서 우리는 열심히 우리의 주장을 폈고, 중국은 어느 정도 일리가 있다는 식으로 성의 있게 들어주었다.

그러나 이러한 노력은 결국 물거품이 되었고, 중국 교통부는 사고 원인을 조종사 과실로 규정한 사고 조사보고서를 발표해 국제민간항공기구에 제출했다. 우리의 주장은 오직 '기체 고장의 가능성도 배제할 수 없다'는 짤막한 한 줄의 문장으로 보고서 결론 한구석에 덧보태졌다. 다행히 중국으로부터 취항 금지 조치는 없을 것으로 확답을 받았으나 대신 건설교통부(지금의 국토해양부)로부터 노선 취소 결정이 내려질 것이며, 회사는 노선을 지키기 위해 행정소송에 들어갈 분위기였다.

상해에서의 마지막 업무는 중요 증거물을 골라내 보관한 뒤 나머지 잔해를 처리하는 것이었다. 나는 사고가 난 지 1년이 넘어 처음으로 비행기 잔해를 직접 보게 되었다. 그러나 폐공항 공터(중국은 사고 비행기 잔해를 어느 폐공항으로 옮겨 보관하고 있었다)에 경비원까지 세워 관리했다는 잔해 더미는 초라하기 그지없이 쌓여 있었으며, MD-11이라 할 수 없을 정도로 눈에 띄게 잔해의 양이 줄어 있었다. 주변 주민들이 몰래 들어와 하나씩 훔쳐 고물상에 팔았기 때문이다. 비참하게 누워 있는 파란 꼬리날개 위에 불에 그을린 태극 마크와 HL7373 글자가 선명하게 눈에 들어왔다. 생각지도 못한 상황에서 또 다시 울컥하고 말았다.

'칠삼아! 도대체 무슨 일이 있었던 거야? 그렇게 멋지고 아름다웠던 모습이 어떻게 이 꼴이 될 수 있는 거야!'

날카로운 알루미늄 합금과 컴포짓(무게가 가볍고 강도가 높은 재질의 소재) 조각들이 손가락을 찌르는 것도 모르고 여기저기를 손으로 헤집어댔다. 눈물 글썽이는 볼썽사나운 모습을 다

른 사람들에게 보이지 않으려 혼자 멀리 떨어져 작업을 해야 했다. 행여 들키지 않으려 노력했지만 나중에 거울을 보니 얼굴은 검은 얼룩으로, 손바닥은 상처로 말이 아니었다.

한국에 돌아오자 짐작한 대로 건설교통부의 노선 취소 처분이 내려졌고, 우리는 행정소송에 들어갔다. 1심이 진행되는 동안 나는 정신없이 일했다. 홍 기장과 본석이 형의 명예를 찾아야 한다는 사명감이 들었고, 조종사 실수를 의심하는 회사 내 분위기도 바꿔야 했다. 재판정에서는 조종사 과실로 단정하려는 건설교통부와 옆에서 이를 지원하고 부추기는 경쟁 항공사에 적개심을 느낄 정도였다.

그러나 해를 넘기며 지루한 싸움이 계속되는 동안 고인들은 점점 잊혀가고 있었다. 재판정에서 '조종사'라는 말이 수백 번 입에 오르내렸지만 그 '조종사'는 영혼이 없는 단어처럼 느껴졌다. 어디에도 더 이상 죽은 사람에 대한 그리움과 연민의 정은 느껴지지 않았다. 서로 물고 물리는 '도그 파이팅' 속에서 나는 서서히 동력을 잃어가고 있었으며, 결국 재판에서도 우리는 지고 말았다.

나는 능력의 한계를 뼈저리게 느꼈고, 항소한 2심부터는 비상근으로 전환되어 팀에서 점점 멀어져갔다. 그리고 결국 안전보안실도 떠났고, 상해 조사팀에서도 하차했다. 다행히 계속 이어진 2심과 3심에서 이겨, 죽은 두 사람의 명예를 찾을 수 있었다. 그러나 나는 재판정 밖에서 승리의 소식을 들어야 했으며 결국 아무 역할도 하지 못해 지금도 형을 볼 낯이 없다. 지칠 대로 지친 싸움 속에서, 마음속으로마저도 형을 편히 보내지 못한 채 결국 주저앉아 울고 말았다.

'이해해주세요…. 조사나 재판 따위 아예 처음부터 하지 말 걸 그랬어요.'

그저 남들처럼 추모하고 기도하며, 시간 내서 형수님과 애들이나 한 번 더 보러 갈 걸 그랬다. 그랬다면 오히려 마음속에 고이 담아 아름답게 보내 드릴 수 있었을 것이다. 명예도 노선도 찾았지만 어째 내 마음은 더 많은 빚을 떠안은 것 같았다.

너무나 오래전 일이다. 상해 사고는 이제 12년이 넘었고, 2009년 12월 23일 대한항공은 학수고대하던 무사고 10년을 맞았다. 많은 사람들의 노력으로 이루어낸 쾌거다. 서로 자신의 성과인 것처럼 우쭐해하며 축배의 잔을 드는 사람도 있을 것이고, 사고란 것 자체를 역사책 속에 있는 먼 옛날 선조들의 고난쯤으로 생각하는 신세대도 있을 것이다. 과장된 생각일지 몰라도 이제는 '사고'하면 슬픔이나 연민보다는 주가나 업무 스트레스 또는 휴가 스케줄의 차질 따위를 먼저 떠올리는 사람도 있을 것이다.

그동안 대한항공의 안전을 발전시킨 시스템과 문화 그리고 정신의 개혁…. 단기간 동안 많은 투자가 이루어졌으며, 그만큼의 눈부신 성과를 만들어냈다. 우리의 훌륭한 일꾼들이 인내와 노력으로 깃발 꺾인 대한항공을 다시 세운 것이다. 하지만 생각해보라. 뭐가 무사고 10년인가? 과연 기뻐 축배를 들 일인가 말이다. 그 사람들은 죄인인가? 아니면 희생자인가? 왜 목숨을 내놓아야만 했는가?

1999년 4월 15일, 운 좋게 비행기 컨트롤이 정상으로 돌아와서 홍 기장과 본석 선배가 살았다면… 1997년 8월 6일 괌에서도 정밀 유도 착륙 시스템인 ILS가 정상 작동하고 있었다면… 1999년 12월 22일 런던에서도 그날 마침 바깥이 훤히 내다보이는 쾌청한 날씨 상황이었다면… 그랬다면 어땠

을까? 그랬다면 지금도 많은 사람들이 살아 있을 것이고 이렇게 슬프지 않을 것이다. 아마도 본석이 형은 B777 기장 정도 되어 있겠지…. 그러나 만약 그랬다면, 지금 우리가 마음껏 누리고 있는 이 소중한 '안전' 또한 결코 쉽게 이룰 수 없었을 것이다.

어려웠던 시절, 그들이 앞서 죽었기 때문에 뒤에 가던 우리들이 겁에 질려 살기 위해 발버둥친 것뿐이다.

그들이 비행기 사고를 대하는 방식

왜 사냐건 십 리도 못 가서 발병난다. 나를 버리고 가시는 님은 십 리도 못 가서 발병난다. 이 몸이 죽고 죽어 일백번 고쳐 죽어 백골이 진토되어 넋이라도 있고 없고 임 향한 일편단심 가실 줄이 있으랴.왜 사냐건 웃지요. 황금 보기를 돌같이 하라 뭉치면 살고 흩어지면 죽는다.

국제선 비행기가 운항 중에 사고를 당하게 되면 기본적으로 세 나라의 이해관계가 복잡하게 얽히게 된다. 사고가 일어난 나라, 사고 항공기를 만든 나라, 사고 항공기를 운영하고 있는 나라 바로 이들 세 나라다. 이 글의 배경이 된 상해 화물기 추락 사고의 경우 중국, 미국, 한국이 바로 이 세 나라에 해당한다.

여기서 한번 각국의 입장을 살펴보자. 사고가 일어난 나라는 사고 조사를 주관한다. 따라서 그들은 '이 사고의 원인은 이것이다' 라고 결론 내릴 수 있는 칼자루를 쥐고 있다. 항공기를 만든 나라는 모두 선진국이다. 미국, 영국, 프랑스 같은 나라가 해당되겠고, 이들은 기술적인 부분을 가장 잘 알고 있다. 항공기를 운영한 나라는 이유야 어떻게 되었든 일단 사고를 일으킨 범인으로 분류될 소지가 크다. 이 사고에서도 대한민국의 입지는 가장 약했다. 따라서 우리의 입장에서 보면 중국이 발표한 사고 조사 결과는 사실과는 거리가 먼, 무척 실망스러운 것일 수밖에 없었다.

실망스러운 결과가 발표된 뒤 회사는 그 결과를 받아들이지 않았고, 여러 가지 문제점들을 들고 소송으로 끌고 갔다. 재판이 이루어지는 과정에서 미국과 중국이 주장하는 사고 원인을 반박하기 위해 많은 연구를 했는데, 무엇보다 추락하기 직전의 비행경로를 추정하는 것이 판결의 열쇠를 쥔 중요한 이슈였다. 우리는 이것을 알아내기 위해 서울대학교를 찾아가 분석을 의뢰했다. 그러나 다른 것은 몰라도 비행경로 추정은 불가능하다는 의견을 들어야 했다. 가지고 있는 데이터가 빈약해 슈퍼컴퓨터를 이용해 수개월 동안 시뮬레이션을 해야 분석할 수 있으며, 비록 수개월 동안 연구한다 해도 결과를 장담하기 힘들기 때문이라고 했다. 무척 실망스러운 대답이었다.

우리는 같은 자료를 가지고 미국으로 건너가 유명한 MIT 교수를 만났다. 그는 항공사고 분석에 권위를 가지고 있는 경험 많은 물리학자였다. 그는 우리가 제시한 빈약한 자료를 훑어보고는 자신 있게 중국의 조사가 틀렸다고 했다. 그리고 대략적인 비행경로를 그려 보여주었는데, 그 짧은 시간 동안 비행경로를 추정하기 위해 사용한 것은 슈퍼컴퓨터가 아닌 종이와 펜뿐이었다.

그는 노란색 리걸 노트 패드에 물리공식 열 가지 정도를 연필로 적었는데, 익숙한 'F=ma'와 같은 기본적인 공식도 있었다. 필요한 공식들을 나열하고는 곧바로 빠른 속도로 빼곡히 계산을 해나갔는데, 그 흔한 계산기조차 쓰지 않았다. 얼마 전 슈퍼컴퓨터를 말하던 한국 학자와는 너무나 대조되는 모습이었다. 한국 법정에서 미국 학자의 증언이 판사들에게 별로 좋은 영향을 주지 않는다는 변호사들의 조언 때문에 결국 그 학자를 데려오지는 못했다. 하지만 그가 보여준 학자로서의 '아우라'는 내게는 꽤 신선한 충격이었다.

나는 결코 한국 학자가 그 공식들을 모른다거나 그 계산을 해낼 수 있는 능력이 없다고 생각하지 않는다. 한국 학자들이 슈퍼컴퓨터를 언급한 것에 반해 미국 MIT 교수가 몇 개의 물리공식만으로 법정에 서겠다고 장담한 배경에는 자신의 이름에 대한 권위와 자신감이 있었다는 것이다. 더구나 한국 학자의 경우 첫 미팅 이후 실제적인 분석 작업 과정은 모두 젊은 조교들에게 맡겼지만 미국 학자는 직접 모든 것을 연구하고 분석해주었다.

/03/

타 깃

Target

"AIM LOW!

정확히 조준하라.

저 아래 반가운 '나'에게

돌아갈 수 있도록 말이다."

비행을 하는 사람이라면 누구나 이런 질문을 받아본 적이 있을 것이다. '착륙할 때 어떻게 조작하나?' 또는 '플레어(Flare : 착륙시 활주로에 가볍게 접지하도록 비행기를 조작하는 것)를 어떻게 하나?'

선후배와 대화 중에 또는 교육 중에 교관으로부터 이런 질문을 받으면 난감하다. 공부를 많이 한 사람일수록 대답은 길어진다. 강하율, 속도, 바람, 파워 컨트롤에 대한 이야기는 기본. 심지어 물리학도처럼 탄젠트, 벡터 값을 계산하면서 어느 속도에서 기수를 1도 들면 얼마나 강하율이 줄어드는지를 계산해내기도 한다. 내게 물어보면 사실 대답을 잘 못한다. 그냥 답변을 피하거나 뻔한 대답을 하는 경우가 많다. 그러나 사실 나만의 확실한 대답은 있다. 좀 창피하지만 이 기회에 용기를 내어 말해보겠다. 다시 한번 질문해 달라.

"신지수 기장은 플레어를 어떻게 합니까?"

"…저는 내 비행기가 활주로 저기, 저…기(풋마커를 가리키며)에 내리게 하려고 조작할 뿐입니다."

풋마커(Foot marker)란 활주로 말단으로부터 대략 1천3백에서 1천5백 피트 지점(미국은 1천 피트 지점)에 마치 발자국처럼 두 개의 직사각형 모양을 나란히 그려놓은 표식이다. 원래 이름은 미국에서는 '1000 foot fixed distance marking'이라 하고, 국제민간항공기구에서는 'Aiming point marking'이라고 하는데, 마킹이 마치 발자국 모양으로 생겨서 나는 그냥 '풋마커'라고 부른다.

착륙할 때 이 발자국 모양의 마킹을 조준해서 활주로에 다가가게 되는데, 활주로까지 정상적으로 다가가도 플레어 조작을 하지 않으면 비행기 크기에 따라 이 마킹보다 5백에서 1천 피트 이전에 활주로 면에 닿아버리고 만다. 뿐만 아니라 강하율을 줄이지 못해 심한 충격을 내며 착륙하는 하드랜딩이 발생한다.

따라서 나는 이 마킹에 내 비행기의 뒷다리가 닿게 하기 위해 활주로 말단을 통과하면서 강하각을 줄이고 비행기를 목표점까지 끌고 간다. 기수 자세와 파워를 비롯해 사용할 수 있는 모든 컨트롤을 이용해 이곳에 정확히, 그리고 부드럽게 접지하기 위해 조절하는 것이다. 곧, 이 풋마커를 활주로에 접근하는 조준점(Aiming Point)으로 이용할 뿐만 아니라 접지하는 목표점으로도 활용한다는 이야기다. 물론 언제나 이 마킹 한가운데 정확히 접지하지는 못한다. 그러나 대체로 1,2백 피트의 오차를 가지고 1천3백에서 1천7백 사이에 내린다.

타깃(Target), 바로 이것이 나의 착륙 방법이다. 비행기 무게, 무게중심, 바람을 비롯해 그때마다 조건이 다르지만 타깃은 늘 거기에 있다. 그 타깃에 부드럽게 명중하기 위해 모든 오감과 육감을 키우고 동물적인 반사 능력을 발휘할 수 있도록 나를 단련시켜 왔다. 매번 환경과 조건이 다르므로 나의 조작도 다르다. 하지만 결과는 언제나 비슷하다.

비행은 가슴 설레는 모험이자 도전이다. 비행이 놀랍고 새로운 경험이며 또 다른 나의 모습에 흥분할 수 있는 꿈과 같은 것이라면, 착륙은 현실로의 귀환이며 안정, 일상, 그리고 본래의 내 모습으로 돌아오는 것을 상징한다. 그렇다면 활주로 위에 있는 나의 타깃은 과연 의심과 흔들림 없는 진정한 내 본래의 모습인가? 정말로 내 모습을 발견할 수 있단 말인가? 또한 그곳으로 돌아가는 나는 과연 행복한 것인가? 조금 혼란스럽다.

1996년 6월 16일. 그날 나는 미국 샌프란시스코 근교의 리버모어라는 작은 마을에 있었다. 그곳은 캘리포니아 오클랜드에 본사를 둔 시에라 아카데미라는 비행학교가 대한항공으로부터 위탁받아 나를 교육시킨 곳이다. 리버모어에는 작은 활주로 두 개가 나란히 놓인 작은 공항이 있는데, 그곳에서 나는 처음으로 기초 비행훈련을 받았다. 그리고 나는 그날, 상업용 비행 면장을 따기 위한 최종 심사 비행을 위해 아침 일찍 사무실에 나와 긴장한 마음을 다스리며 주변을 서성이고 있었다. 심사를 통과하면 이제 한국으로 돌아가 가족들을 볼 수 있게 된다. 물론 한국에 돌아가도 제주도에서 고성

능 프로펠러기와 제트기 훈련이 남아 있다. 이 과정을 무사히 마쳐야 대한항공의 정식 부기장 훈련생이 될 수 있다.

나는 9개월 동안의 미국 생활을 마치고 한국으로 돌아가 이미 5개월 전에 세상에 나온, 아직 사진으로밖에 보지 못한 딸아이를 처음으로 만날 수 있다는 설렘으로 어느 때보다도 마음이 들떠 있었다. 그런 기대감 탓인지 당시 컨디션도 최상이었다. 담당 교관도 그걸 확인하고 나를 가장 먼저 심사 대상으로 올렸으며, 교관 그룹장이 1시간 50분 동안 마지막으로 함께 비행한 뒤 고개를 절레절레 흔들며 "You've done excellent job."이란 과장된 말과 함께 기꺼이 심사 추천을 해주었다. 그리고 드디어 그날이 온 것이다.

그러나 내가 마지막으로 넘어야 하는 거대한 산이 하나 있었는데, 그것은 바로 악명 높은 담당 심사관 제프 하이츠버그였다. 그는 땅딸한 몸매에 금발 머리를 가진 백인이었는데, 당시 우리에게는 공포스런 존재였다. 구술 심사에서는 언제나 그가 원하는 답을 토씨 하나 틀리지 않게 대답해야 했기에 이른바 삼국지가 선배들로부터 대대로 내려오고 있었다. 비행 중에 학생이 작은 실수라도 하게 되면 그의 얼굴이 새빨갛게 달아오르며 큰 소리로 비난을 쏟아붓는데, 마음 약한 사람은 견뎌내기 쉽지 않다. 소리 지를 때 얼굴이 하도

발갛게 달아올라 우리는 그의 별명을 적두(赤頭)라고 붙였다.

나는 이미 두 번의 심사를 제프로부터 받았다. 다행히 두 번 모두 큰 실수는 없었는지 그의 고함소리는 얼굴이 분홍빛으로 바뀌는 정도에서 그쳤다. 그의 얼굴이 검붉은 색으로 바뀌는 것을 본 동료 조종사들이 꽤 있었을 것이다. 그러나, 안타깝게도 그날 나는 그의 얼굴이 검붉은 색으로 바뀌는 정도가 아니라 아예 목 뒷덜미를 잡고 쓰러지기 직전의 모습을 보고 만다. 다시 그날 아침으로 돌아가 보자.

심사 받을 때 사용한 비행기는 비치크래프트 사에서 만든 BE-76이라는 기종이었다. 쌍발 왕복 엔진을 가진 작은 5인승 비행기였다. 심사관이 오기 전에 꼼꼼히 비행기를 둘러보고 만져보았다. 가만히 눈을 감고 기도도 했다. 오늘 잘 날아주면 기분 좋게 아이를 볼 수 있다는 들뜬 마음을 'N69276'이라는 이름을 가진 낡은 비행기에게 전했다.

이윽고 제프가 도착했다. 멀리서 보니 모닝커피를 한잔하며 교관 그룹장이 하는 이야기를 가만히 듣고 있다. 내 이야기를 했는지 잠시 뒤 나를 힐끗 쳐다본다. 교관 그룹장도 돌아보더니 빙긋 웃는다. 흠… 분위기가 그리 나쁘지 않은 것 같아 한숨이 놓였다.

심사는 사무실에서 구술 시험으로 시작했다. 몇 가지 질문을 던졌는데 알다시피 우리는 이미 삼국지를 달달 외고 있었기 때문에 대답하는 데 큰 문제가 없었다. 그렇게 한 시간여 동안 질문에 답을 하고 있는데 단조로운 질문과 답변에 긴장을 풀어 버려서인지 그만 실수를 하고 만다. 비행기의 비상조치에 대해 설명을 하는데 그만 삼국지 정답에 토를 달아 내 생각을 이야기해 버린 것이다. 제프의 얼굴이 분홍빛으로 바뀌더니 다시 묻는다.

"왜 그런 불필요한 말을 하는 건데?"

"아… 미안합니다. 단지 제 생각에는…."

"너 생각은 너의 일기장에나 써! 비행기의 '비'자도 모르는 새파란 놈이 미합중국 FAA(미국교통부항공국) 면장 심사 중에 어디 감히 터무니없는 얘기를 늘어놓는 거야? 내가 너 같은 놈이랑 비행 이론에 대해 토론이나 하는 그런 상대로 보이냐?!!!"

"……!"

입이 떡 벌어졌다. 바로 이거구나! 나는 이후 다시 모범답안을 읊는 모드로 급변경했다. 제프의 얼굴도 서서히 백색으로 돌아왔고 이글거리는 초록빛 눈동자도 조금씩 온화해졌다. 그러나 여기서 상황은 진정되지 않았고 실수는 이어졌다.

구술 시험의 마지막 과목은 오늘 비행의 무게와 균형을 구하는 것이었다. 비행기에 싣는 연료, 사람, 짐 따위의 무게와 위치를 계산해 무게중심이 적절한 위치에 놓여 있는지 확인해야 한다. 그런데 이 비행기는 대형 운송항공기도 아니고, 다른 승객도 없이 심사관과 나, 단둘이 가방 하나씩 들고 타는 비행이므로 매번 거의 일정한 수치가 나온다. 정말 형식적으로 계산하는 흉내만 내도 되는, 그러니까 거저먹는 과목이다.

그런데, 내가 이런 과목에서 큰 실수를 하고 만다. 아마 제프도 내가 실수하리라고는 상상조차 못했을 것이다. 가방을 챙겨 비행하러 나갈 준비를 하는 제프에게 건네준 나의 답안은 그야말로 헛웃음이 나올 만한 황당한 수치였다. 비행기 무게중심이 비행기의 '코'보다 앞에 있었다. 아무리 기수를 들어도 그냥 앞으로 꼬꾸라지는 수치였다. 그야말로 말도 안 되는 계산 착오였다.(이런, 왜 검산도 안 해봤냐고!)

비행기는 무게중심을 잘 잡아야 균형을 잡고 안전하게 비행할 수 있다. 무게중심이 보통 날개 중간 정도에 있어야 균형을 잘 유지하는데, 최전방인 비행기 코보다 더 앞에 있으면 비행기가 앞으로 심하게 기울어지는 것은 당연하다. 실제로 중심은 잘 잡혀 있었지만 내가 계산을 틀리게 해서 엉뚱한 수치를 무게중심으로 계산한 것이다.

제프의 얼굴이 조금 심각해졌다. 나는 곧 내 숫자가 상징하는 바를 깨닫고 불호령이 떨어질 것을 직감했다. 이를 어쩌나! 얼른 답안지를 빼앗아 다시 계산한다고 해야 하나? 그러나 그럴 용기가 나지 않았다. 제프는 너무 황당해서 그런지 곧바로 얼굴이 붉어지지는 않았다. 갸우뚱하면서 돋보기를 꺼내 들더니 깔끔하게 계산해놓은 무게와 균형 시트지를 이리저리 둘러본다. 그러나 역시, 그의 숨이 서서히 가빠진다. 얼굴이 아까보다 더 붉어진다.

"Awful! Awful!! 무게중심이 코 앞에 있니? 너, 비행기 심사 보러 온 놈 맞아? 넌 Fail이야, Fail! 날 아주 화나게 했어. 너 같은 놈을 감히 추천해서 심사를 올리다니!"

정신이 없었다. 비록 내 영어 실력이 그리 훌륭하지 않지만 그의 말은 아주 정확히 알아들을 수 있었다. 그의 입에서 터져 나오는 단어 하나하나가 가슴을 쿡쿡 찔렀다.

"Oh, my goodness! 내가 이걸로 심사비는 받지만 너 같은 놈을 심사한다는 것 자체가 수치다. 여기 대한항공 조종 학생들 가운데 오럴테스트에서 떨어지는 학생 있니? 아마 네가 처음일거다. 내가 커널로(colonel : 대령)에게 다 말할 거다. 너 각오해. 넌 Fail이야, Fail!"

커널로는 당시 대한항공에서 파견한 조종 학생들의 감독관으로, 대령 출신이라 미국 교관들이 그렇게 불렀다. 주변에 있던 사람들이 웅성거린다. 나는 이 사람들 앞에서 완전 창피를 당했으며 비행도 못 올라가 보고 구술 심사에서 떨어지는 최초의 대한항공 조종 훈련생이 되어 버렸다. 물론 재심을 받을 기회가 며칠 뒤 한 번 더 주어지겠지만 이것은 나의 기록에 오점으로 남을 것이며 동료들 앞에 수치스런 일이었다. 더구나 비행을 못해서도 아닌 구술 심사를 통과 못한, 그러니까 정신적으로 준비가 안 된 성의 없는 놈이 되고 말았다.

잠시 뒤 닥쳐올 커널로의 공포스런 귀싸대기도 두려웠지

만 무엇보다 서울에 있는 아이를 생각하니 그만 서러움과 실망감으로 한없는 슬픔이 밀려왔다. 나는 사무실 앞마당의 오래된 이름 모를 나무 아래에서 한숨을 쏟아내며 담배를 피우고 있었다. 멀리서 보니 커널로, 교관 그룹장, 내 담당 교관, 그리고 제프가 뭔가 열띤 토론을 하고 있었다. 모두 안색이 좋지 않았으며 제프는 아직도 얼굴이 빨갰다.

위로해주는 동기들 옆에서 나는 할 말을 잃고 담배만 뿜어대고 있었는데, 어느새 제프가 내가 있는 쪽으로 성큼성큼 걸어오고 있었다. 비행 가방을 들고 말이다. 나는 얼른 담배를 끄고 일어서서 열중쉬어 자세로 섰다. 제프는 내 앞에 오더니 말했다.

"너 비행은 도대체 어떻게 하는지나 한번 보자!"

"Yes, sir!"

나는 우렁차게 대답하고 얼른 비행 가방을 챙겼다. 동기들은 주먹을 쥐어 보였고 나는 고개를 끄덕이며 답했다. 비행을 하게 되어 다행스럽게 느껴지기도 했지만 여전히 마음은 무거웠다. 하얀 얼굴로 올라가도 힘든 마당에 이미 잘 익은 복숭아처럼 빨갛게 달아오른 제프를 따라 비행기를 타는 모습은 마치 도살장에 끌려가는 송아지 꼴이었다. 비행기에 올라 시동을 걸자 제프가 말한다.

"넌 이미 Fail이야. 비싼 심사비를 냈으니 비행기나 한 번 타게 해주는 거야."

다시 한 번 'Yes, sir!'을 외쳤지만 그렇다고 포기해서는 안 된다. 일단 최선을 다해 비행을 잘해야 다음번 재심사가 그나마 편해질 것이다. 그리고 혹시 아는가? 오늘 비행을 진짜 기똥차게 한다면 심사관의 마음이 바뀔지도 모른다. 나는 실낱같은 희망을 걸고 리버모어 공항 활주로를 힘차게 올라갔다.

공중에서 몇 가지 과목을 수행했다. 제프는 크게 소리치지는 않았으나 두 손을 무릎 사이에 끼우고 여전히 언짢은 얼굴을 하고 있었다. 얼굴도 여전히 붉었다. 과목들을 수행하기 위해 이것저것을 요구하는데, 일부러 그러는 건지 똑바로 이야기를 안 하고 입안에서 말을 웅얼거린다. 안 그래도 영어가 약한데 시끄러운 프로펠러 소음에 묻혀 그의 말이 잘 안 들린다. 몇 번 'Say again'을 되풀이하자 제프가 기다렸다

는 듯이 소리쳤다.

"너 비행하는 것도 별 볼 일 없는 것 같은데 영어도 잘 못 알아먹냐? 넌 할 줄 아는 게 뭐야ㅈ? You don't listen to me. 영어를 잘 못하면 내가 하는 말을 잘 집중해서 들어! Do you know what I'm saying?! Awful!"

'Awful'과 'Oh, my goodness'는 그의 전매특허다. 나는 이

날 이 두 표현을 수도 없이 들었다. 아마 평생 다시 들을 일이 없을 것이다. 그러나 그날 나는 이 두 문장 말고도 다른 학생들이 들을 수 없었던 뜨거운 표현을 듣게 되는데….

대략 공중에서 하는 과목을 끝냈다. 이제는 근처 스탁턴 공항에서 한 번의 ILS 접근을 해내고, 리버모어로 돌아가 활주로 상공을 직사각형 패턴을 그리며 나는 장주비행으로 착륙과 이륙을 두 번 해내면 된다. 여기서 ILS(Instrument Landing System)란 계기 착륙 장치 또는 정밀 유도 착륙 시스템으로, 착륙 각도와 활주로 중심선 정보 등을 전파로 비행기에 제공하여 조종사가 계기만 보고도 정밀하고 안전하게 활주로로 접근하도록 도와주는 항법 장비다.

제프가 먼저 요구했다.

"자, 이제 스탁턴으로 가서 ILS 접근하자!"

"Yes, Sir!"

스탁턴으로 기수를 돌려놓고 관제소와 레이더 컨택을 실시한 뒤 나는 ILS 접근을 준비하기 시작했다. 그런데 ILS 절차가 그려진 차트를 꺼내려는 순간, 머릿속이 새하얘졌다.

'이런 젠장! 정말 Awful이다. 어쩌면 좋아?!'

어젯밤 공부한답시고 ILS 차트를 책상 위에 꺼내놓고 그냥 두고 온 것이다. ILS 접근과 착륙시에는 반드시 레퍼런스 차트가 있어야 접근을 수행할 수 있다. 책상 위에 차트를 꺼내놓은 기억은 생생한데 그것을 다시 챙겨 넣은 기억이 전혀 없다. 미친 듯이 차트를 뒤지고 있으니 제프가 힐끗 쳐다본다. 설마…? 믿을 수 없다는 표정이다. 눈치를 살피며 계속 차트 폴더를 뒤적이고 있노라니 그의 붉은 머리도 호기심과 함께 나를 향해 천천히 돌고 있었다. 다급해진 나는 결국 입을 열었다.

"Mr. Heizburg, Can I shoot VOR approach instead? (심사관님, ILS 대신 VOR 접근을 해도 될까요?)"

"What? I have control! (뭐? 너 조종간에서 손 떼!)"

자신의 조종간을 잡은 제프는 내 턱밑까지 얼굴을 들이대고 거친 숨을 내뱉으며 내 얼굴을 뚫어져라 바라보고 있었다. 초록색 레이밴 선글라스 너머로 보이는 그의 초록색 눈동자는 레이저를 뿜어대고 있었다. 타오르는 그의 얼굴은 이제 검붉게 잘 익은 단팥 앙꼬색이 되었다.

갑자기 얼굴을 휙 돌리더니 앞을 쳐다보며 날개를 눕힌다. 45도의 급경사를 주고 스텝턴(Steep Turn : 45도 이상 깊은 경사각을 주고 급선회하는 것)을 시작한다. 그러고는 보통 학생들이 들어보기 힘든 단어를 마치 용이 입에서 불을 뿜어내듯 분출해낸다.

"Fuxxxxxxxx……xxxck!!!"

"……!"

"Damn it! ILS 차트를 안 가져왔다고? 너는 건방지기만 할 뿐 머릿속에 든 건 하나도 없어. 비행기 무게중심도 성의 없이 건성건성 엉터리로 구했어. 얼마나 자신만만하기에 그러는 건지 궁금해서 비행 올라와 보니 이거 뭐 비행하는 것도 별 볼 일 없어. 그런데 뭐, 뭐라고? 차트도 안 가져왔다고? Oh, my goodness! 너 나 약 올리려고 오늘 심사 받는 거니? 왜 날 괴롭히는 거야? 내 너 같은 놈은 처음 본다. 어떻게 감히 심사 날 차트를 안 가져올 수 있어? Awful!! So~ idiot!! Awful!"

스텝턴을 무려 세 바퀴나 돌았다. 고함소리는 그치지 않았다. 스텝턴 때문에 머리가 어지러웠다. 이윽고 제프가 스텝턴을 풀더니 말한다.

"Go back to Livermore!"

심사 종료라는 뜻이다. 보통 학생들이 이 말을 들으면 제프의 팔뚝을 붙잡고 한 번만 더 기회를 달라고 부탁한다고들 한다. 그러나 난 이미 그럴 만한 염치도 없었다. 몇 분을 정적 속에 비행하더니 제프가 입을 열었다. 분노를 억누르고 조용히 말을 걸었지만 숨소리는 여전히 거칠었다.

"너, 차트 왜 안 가져왔니?"
"어젯밤 공부하느라 책상에 꺼내놓고 잊어버렸습니다. 죄송합니다."
"휴…."

제프가 한숨을 크게 쉬었다. 얼굴은 여전히 단팥색이다. 한참을 고민하는 기색이 역력하더니 다시 말한다.

"다시 스탑턴으로 가자. 가서 VOR 접근 해봐. 너가 조종해.”

“예….”

나는 울컥했다. 심사에 합격할 수 있으리라는 기대는 이제 접어 버렸다. 실낱같은 희망도 염치없는 욕심일 뿐이었다. 그저 내게 주어진 시간 동안 계속 비행하게 해주는 제프가 고마웠다. 그리고 너무 미안했다. 내가 생각해도 이건 정말로 아니다. 내가 그의 마음을 상하게 했다.

VOR 접근은 ILS와 같은 정밀 유도 장비를 사용하는 것이 아니라, 전파를 이용해 항로의 위치나 공항의 위치를 알게 해주는 항법 장비인 VOR(VHF Omnidirectional Range)을 사용해서 활주로에 접근하는 절차다. 보통 ‘비정밀 접근’이라 부르며 ILS와 같은 정밀 접근에 비해 정교하지 않은 만큼 절차도 까다롭다. 나는 심사 준비를 하는 과정에서 VOR 접근에 대해 공부하거나 준비하지 않았으며 실제로 VOR 접근을 해본 지도 오래되어 무척 긴장되었다. 접근 중에도 제프는 야단을 쳤지만 더 이상 그가 소리치는 것은 두렵지 않았다. 오히려 내가 미안했다. 나는 그저 배운 대로 하나하나 절차를 밟아 VOR 접근을 완수했다.

이제 리버모어로 돌아간다. 오늘 심사는 엉망이었지만 집으로 돌아간다고 생각하니 마음이 조금 푸근해졌다. 온몸은 지쳐 있었고 모든 게 귀찮았다. 제프의 말이 귀에 잘 들어오지도 않았고 그저 빨리 심사를 끝내고 착륙하고 싶었다. 비행장 주변을 직사각형으로 돈 뒤 착륙 접지 직후 다시 파워를 넣어 이륙하는 과정을 수행하자 제프가 조심스레 말을 건넨다.

"넌 오늘 Fail이야. 너도 알고 있을 거야, 그렇지?"

"Yes, sir…."

"이제 마지막 착륙이다. 너는 오늘 분명히 Fail이야. 음… 그렇지만 혹시라도… 넌 아마 못 하겠지만 이번에 착륙할 때 저기 1000 풋마커 한가운데 정확히 터치다운(Touch down : 착륙접지) 한다면 다시 한 번 고려해볼 수도 있어."

"Yes, sir…."

내 대답은 힘이 없었다. 그가 왜 그런 제안을 했는지 모르겠다. 괜히 떡밥 하나 던져놓고 또 무슨 야단을 치려고 이러는 걸까? 나는 착륙할 때마다 늘 '1000 풋마커'를 조준해서 활주로에 접근하지만 정확히 그곳에 접지하려고 노력한 적은 없었다. 사실 접지야 접지 구역 안에 안전하게 내리면 되는 것 아닌가? 강하율을 줄여 나가면서 안전하고 부드럽게 착륙하는 게 더 중요한 것 아닌가 말이다. 그만큼 그의 요구는 낯선 것이었다. 하지만 그가 마지막으로 요구하는 것이니 '어디 한번 해보자'라는 오기가 생겼다.

선회를 하여 마지막 활주로 파이널 코스에 정대하자 풋마커가 눈앞에 선명히 들어왔다. 저 발자국 위에 사뿐히 내려앉아야 한다. 이렇게 풋마커를 계속 뚫어지게 보고 있자니 순간, 경험해보지 못한 야릇한 느낌이 들었다. 저것은 내 타깃이다. 나는 늘 변함없는 저 자리에 돌아간다. 짜릿한 모험은 모두 끝났으며 나는 원래의 나에게로 돌아가는 것이다. 돌아갈 때 언제나 변함없는 목표점이 없다면 얼마나 당황스러울까? 무얼 보고 돌아갈 수 있단 말인가?

그렇다. 저기 보이는 하얀 풋마커는 거울에 비친 내 모습이고 내 본연이다. 인간은 날 수 있는 지혜와 능력을 가졌지만 인간 본래의 것은 아니다. 나도 지금 이렇게 꿈을 꾸고 도전하지만 진실된 내 모습이 과연 어떤 모습일지 궁금하다.

나는 이제 모험을 마치고 솔직한 내 모습을 찾아 그곳으로 돌아가야 한다. 나는 오늘 거울에 비친 내 얼굴에 정확히 내 얼굴을 포개어 키스할 것이며, 거울에 비친 내 모습이 과연 어떤 모습일지 가슴 설렌다. 그리고 만약 내가 성공한다면, 나는 언제든 방황하지 않고 나에게로 돌아올 수 있다는 자신감이 생길 것 같았다.

'그래, 한번 해보는 거야. 내 동물적 본능과 마음속 희망을 모두 동원해보는 거야. 만약 이걸 해낸다면 이제 나는 정말로 아름다운 비행을 할 수 있는 거야!'

마지막 접근은 평화로웠다. 3도 강하각을 나타내주는 불빛을 확인하며 서서히 '내 얼굴'을 향해 날아갔다. 소란스런 프로펠러 굉음은 또 다른 나의 심장박동이었다. 나는 조종간을 잡고 있지만 날개는 또 다른 나의 팔이 되어 있었으며, 온몸에 와 닿는 기류를 헤엄치듯 느끼고 있었다.

활주로 말단을 50피트 정도로 통과하자 곧 플레어를 준비한다. 기수를 약간 들어 올리자 비행기가 미끄러지듯 풋마커를 향해 날아가는 것이 느껴졌다. 이제 타깃을 바라보며 정확히 풋마커의 한가운데 내려앉도록 파워와 기수를 조절하는 일만 남았다. 포물선 끝이 정확히 그리고 부드럽게 목표점에 닿도록 하려면 내게 주어진 기회는 그리 많지 않다. 한 번 또는 두 번의 짧은 조작으로 포물선을 완성해야 한다.

'저기 내려야 돼, 바로 저기!'

마음속으로 내 얼굴을 쳐다보며 모든 집중력을 플레어 조작에 쏟아 넣었다. 물론 복잡한 계산이나 논리적 판단은 없었다. 그저 본능적으로 느끼고 조작했다. 차를 운전할 때도, 또는 두 발로 뛰어갈 때도 원하는 지점에 정지할 수 있지 않은가? 날아가는 것도 마찬가지다. 좀 더 복잡한 물리적 현상이 필요할 뿐이다. 나는 분명 날고 있다. 날 줄 안다면 원하는 곳에 내릴 수 있는 것은 당연하다. 피부로 공기를 느끼고 있으며 내가 가진 에너지를 온몸으로 느끼고 있으니까 말이다!

풋마커에 다가서자 조심스레 파워를 줄였다. 이런! 고도가 약간 높은 감이 있었다. 기수를 약간 내렸다. 그러자 비행기에 에너지가 증가하는 것이 느껴졌다. 속도가 잘 줄지 않았으며 통상적인 느낌으로 기수를 당기면 원하는 지점을 지나쳐 버릴 것 같은 느낌이 들었다. 방법은 한 가지였다. 끝까지

N11JTA
25
R

기수를 들지 않고 버티다가 접지 바로 직전에 기수를 들어 강하율을 급히 줄이는 것이었다. 그렇다면 원하는 포인트에 접지할 수 있다는 '감'이 본능적으로 느껴졌다.

비행기는 드디어 풋마커 위에 올라섰고 나는 숨을 죽인 채 마지막 당김의 순간이 오기를 기다렸다. 엉덩이 아래가 짜릿했다. 평소보다 깊은 강하율이었지만 곧 지면에 다 왔다는 것이 동물적으로 느껴졌다. 풋마커의 대략 4분의 1 지점 정도를 통과하자 숨을 죽인 채 기수를 살짝 들었다.

'그래, 바로 여기야!'

순간 머릿속이 하얗게 된다. 아무 소리도 들리지 않으며 아무런 느낌도 없다. 그저 이 순간이 너무 고맙고 행복했다. 나는 내 얼굴을 큰 거울 위에 비춰보고 있다. 그리고 입술을 살짝 치켜들어 웃음 짓고 있다. 분명 내 얼굴인데 어색하고 쑥스럽다. 그래, 이게 바로 나야. 이게 바로 내 모습이야!

'지수야, 너 아주 오랜만이다!'

버저비터의 슛은 손을 떠나 림을 향해 큰 포물선을 그리고 있다. 마지막 18홀 역전 버디 퍼팅은 울퉁불퉁한 그린 위로 주정뱅이처럼 홀컵을 향해 굴러가고 있다. 혈전을 벌이던 '겐뻬이' 당구 경기에 마지막 회심의 '가락구'가 세 번 쿠션을 디딤 닿아 빨간 공을 향해 굴러가고 있다. 그리운 '나'를 다시 만날 것인가? 아니면 '나'를 찾지 못해 방황할 것인가? 갈림길은 너무나 짜릿한 것이었다.

"쓱~~ 퉁."

비행기의 낡은 바퀴가 활주로에 부드럽게 닿았다. 그리고 놀랍게도 그곳은 활주로 1000 풋마커의 한가운데였다. 순간 감격해 울컥해버리고 만다. 제프가 요구한 것을 성공했다는 생각 따위는 들지도 않았다. 그저 처음으로 날개를 퍼덕거리며 '제대로 날았다'는 생각이 들었다. 나는 거울 속 내 모습을 똑바로 보았으며, 그 모습은 어색했지만 반가운 모습이었다.

비행이 끝난 뒤 나는 다시 나무 아래에서 멀리 제프와 커널로 그리고 교관 그룹장이 뭔가 이야기하는 것을 먼발치에서 보고 있었다. 이제 심사 결과는 중요하지 않았다. 그저 제프가 어떻게 날아야 하는지를 가르쳐준 것 같아 고마웠다. 그는 내게 비행의 의미와 목표를 찾아주었다.

비행의 의미는 '나를 찾는 것'이었으며 착륙은 '나에게, 원래의 내 모습으로, 바로 그 자리에 다시 돌아오는 것'이었다. 나의 타깃은 거울에 비친 내 솔직한 모습이었으며, 나를 찾을 수 있다면 언제든 다시 아름다운 세상을 찾아 새 출발을 할 수 있다는 것을 깨달았다.

잠시 뒤 제프가 손짓을 했다. 나는 천천히 그에게로 다가가 열중쉬어 자세를 취했다.

"넌 이미 오럴에서 Fail이었고, 차트를 준비하지 않고 비행을 나선 것 역시 Fail이다. 원칙적으로 너는 오늘 두 번 Fail 된 거다."

"……"

"그런데 미스터 신, 너 알아? 나는 유연한 생각을 가지고 있고 또 무척 관대한 사람이야. 너는 원칙적으로 Fail이지만 나랑 비행한 걸 행운으로 알아야 해. 내가 그럼에도 불구하고 널 붙여주기로 했거든."

"…고맙습니다."

"넌 내 심사에 패스 했어. 하지만 축하한다는 따위의 인사는 하지 않겠다. 너는 에어라인의 조종사가 되기 위해 이 자리에 와 있는 것이다. 더 노력하고 발전시키지 않으면 훌륭한 에어라인의 조종사가 될 수 없다. 알겠지? 가봐."

가슴이 찡하고 기쁨은 이루 말할 수 없었다. 감격의 눈물로 한동안 고개를 들 수 없었다. 이야기가 끝나자 교관 그룹장인 소켈드 교관이 내 팔을 덥석 잡더니 얼굴을 들이대며 호기심에 찬 얼굴로 말을 걸었다.

"도대체 어떻게 된 거야?"

"아… 미안합니다. 제가 정신이 나갔는지, 차트도 안 가져가고 구술도 잘 못 보고 해서…."

"아니, 아니, 그게 아니고, 차트도 안 가지고 갔는데 어떻게 합격을 했냐고? 제프가 웬일이지? 세상에 오래 살고 볼 일이네…."

사람들은 목표점을 높은 곳에서만 찾으려 한다. 더 높을수록 더 원대하다. 뒤를 돌아보고, 낮은 곳을 쳐다보는 이는 진취적이지 못하다고 생각한다. 경기 중에 수비가 백패스를 하면 야유를 보내고, 희생 번트보다는 홈런으로 점수를 내야 더욱 큰 박수를 받는다.

하지만 비행은 늘 마지막에 낮은 곳을 조준한다. 미래와 정상보다는 과거와 집을 지향한다. 이미 높은 곳을 마음껏 날은 비행기는 집으로 그리고 원래의 자기로 돌아가는 것을 꿈과 모험의 피날레로 여긴다.

© 신지수

Epilogue >>>

조종사가 될 수 있었던 것은 행운이었다

1980년대까지만 해도 우리나라 민간 항공기 조종사는 군대에서 비행기를 탔던 사람들이 모두 차지해온 직종이었다. 그러나 88 올림픽 이후 해외여행 자율화가 곧 실현될 것으로 예견되면서 국내 항공시장에는 큰 지각변동이 일어났다. 대한항공 외에 제2의 민간 항공사인 아시아나 항공이 출범했고, 두 항공사는 급격하게 늘어나는 항공 수요에 대응하기 위해 보유 비행기 대수를 짧은 시간 안에 두세 배로 늘려야만 했다. 따라서 조종사 수급은 어느 때보다도 절실한 상황이었다.

대한항공은 이에 대한 해결책으로 다른 세계적인 항공사들처럼 자체 조종사 양성 시스템을 마련하기로 하고 1989년부터 제주도 정석비행장에 '제주비행학교'를 열었다. 이 학교는 전공 불문의 대졸자를 대상으로 조종사 양성요원들을 뽑아 18개월에서 24개월 정도의 비행 교육을 시켰고, 교육생들은 과정을 다 마치고 나면 대한항공의 부기장 훈련 요원으로 입사할 수 있었다.

처음에는 잘 알려지지 않아 원래부터 항공 분야에 관심이 많았던 젊은이들이 주로 지원을 했지만, 회사의 적극적인 홍보를 통해 아름아름 소문이 나면서 1990년대 중반에는 연간 100여 명에 이르는 조종사를 공급할 수 있을 정도로 활성화되기에 이르렀다.

조건은 파격적이어서, 교육을 다 받고 정식으로 입사한 뒤 15년 동안만 근무하면 교육생에게 투자된 모든 교육비를 조건 없이 상환해주는 것으로 되어 있었다. 이 때문에 우수한 사람들이 많이 몰려들었으며, 그에 따라 경쟁률은 점점 높아만 갔다.

그러나 1990년대 후반 이른바 IMF가 발생하고, 항공사들은 예측했던 고속 성장의 원동력을 갑자기 잃게 되었다. 기업들이 원가절감을 위해 긴축재정에 들어가자 신입직원 선발은 눈에 띄게 줄어들었고 이른바 청년 취업난이 생기기 시작했다. 대한항공도 예외는 아니어서 2000년대부터는 조종사 양성 정책이 바뀌게 된다.

이제는 조종 학생들이 자신의 교육비를 입사한 뒤에 일정 기간 동안 달마다 나누어 갚아야 하는 제도로 바뀌게 된 것이다. 그러나 2000년대 후반에 이르러서는 이마저도 사라져 버려 자체 조종사 양성 제도가 아예 사라져 버렸다. 회사는 1000시간 이상의 비행 경력을 가진 경력자들만 뽑았고, 조종 훈련의 메카

였던 제주비행훈련원은 항공대로 운영 주체가 넘어가 대한항공의 위탁교육 기관이 되어 버렸다.

아쉽지만 이제는 나처럼 맨손으로 민간 항공기 조종사가 되는 것은 불가능한 일이 되어 버렸다. 이제 조종사가 되기 위해서는 군대에서 비행기를 타서 경력을 쌓거나, 아니면 본인이 직접 돈을 들여 비행을 배우고 1000시간 이상의 비행 경력을 쌓아야 한다. 지금의 사정을 생각해보면 나는 그 당시 참 운이 좋았던 것 같다.

조종사 양성요원 선발 절차는 꽤 까다로웠다. 필기시험과 인터뷰 외에도 까다로운 신체검사와 비행 적성검사, 심리테스트를 통과해야만 했다. 나는 1994년 하반기에 응시해 12월에 합격 통지를 받았으며, 이듬해인 1995년 6월 제주비행훈련원 26기 훈련생으로 배정되어 훈련을 시작했다. 교육은 3개월 동안의 기초 지상 학술 교육을 시작으로 약 18개월 동안 이어졌다. 1995년 10월부터는 미국 북캘리포니아에 있는 리버모어에서 경비행기 훈련을 시작했는데, 지금도 동기들끼리 모이면 그 당시 훈련 이야기로 시간 가는 줄 모른다.

리버모어에서 약 10개월 동안 비행을 배우며 미국 항공국(FAA)에서 발급하는 자가용 조종사 면장, 계기비행 자격증, 상업용 조종사 면장을 땄는데, 교육 과정 동안 두 종류의 단발 엔진 비행기와 한 종류의 쌍발 엔진 비행기를 250시간 정도 탔다. 첫 솔로 비행(교관 없이 혼자 비행을 하는 것)을 나가는 과정에서 동기 가운데 한 명이 실격해 한국으로 돌아가게 되었는데, 그날 밤 모두 모여 밤새 술을 마시며 울어대기도 했다.

훈련생들은 훈련에 뒤처지면 실격되어 언제든 집으로 돌아가야 했는데, 그런 경우가 기수마다 몇 명씩 생겼다. 그렇다보니 늘 군기가 바짝 들어 있었고, 뒤처지는 사람 없이 모두 함께 가기 위해 동기애는 무척 돈독했으며, 진도가 느린 동기들을 서로서로 도와주기도 했다.

미국에서의 교육이 모두 끝나 한국으로 돌아온 뒤에는 미국 면장을 한국 면장으로 바꾸는 시험을 치러야 했고, 그 사이 제주에 있는 정석비행장에서 고출력 쌍발 프로펠러기와 소형 제트기 훈련을 받았다. 제주에서의 훈련 기간은 약 6개월이었고, 1996년 11월 말 드디어 비행 훈련이 모두 끝나 졸업하게 되었다.

1997년 1월 대한항공에 정식으로 입사했지만 여전히 조종사의 길은 멀고도 험했다. 6개월 동안 다시 기초 입사 교육을 받아야 했으며, 교육 과정에는 모의비행 훈련도 들어 있었다. 약

6개월에 걸친 기초 훈련이 끝난 후에야 내가 수습 부기장으로 타게 될 첫 '대한항공 마크를 단' 비행기의 기종이 정해졌다. 처음 타보는 대형 여객기는 정말 멋졌다. 수없이 많은 계기와 스위치들….

여기저기서 겪어보는 생각지도 못했던 많은 경험들, 대륙과 대양을 건너면서 바라보는 멋진 풍경들, 쳐다보는 것만으로 두려움에 떨었던 아버지뻘의 교관 기장님들이나 무뚝뚝한 선배들도 점차 익숙해져 갔고, 나는 하루하루 내 비행기와 사랑에 빠져 정말 열심히 비행을 배워 나갔다.

1998년, 드디어 훈련생 딱지를 떼고 대한항공의 정식 부기장이 되었다. 그때 내 나이 서른이었다.

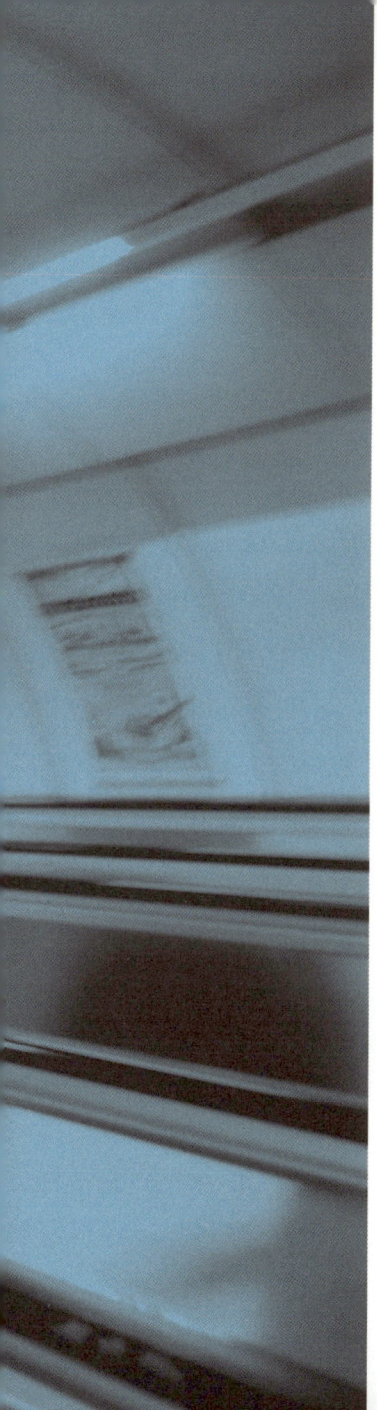

/04/

빵빵이

Circuit

"싸우는 자는 바보다.

싸우지 않으면 모두 내 친구다."

남자라면 누구나 학교와 군대에서 선착순이란 것을 해본 경험이 있을 것이다. 일명 '빵빵이'라고도 한다. 이름 한번 정말 심플하지 않은가? 빵빵 돈다고 해서 빵빵이다. 그런데 나는 예전부터 이 선착순이란 벌이 다른 어떤 벌보다도 인간적이지 못한 것이라 생각했다.

왜냐하면 선착순은 내가 편하기 위해 대신 다른 동료가 불편해야 하는 일종의 제로섬 게임이기 때문이다. 조금 더 과장해 말한다면 노예의 입장에서는 내가 살기 위해 동료를 밟고 일어서는 약육강식의 세계이고, 지배자의 입장에서는 적자생존의 법칙으로 노예들을 조종하는 잔인한 놀이인 셈이다.

이 게임을 하다 보면 노예들 사이에는 오직 분열과 경쟁만 남는다. 지배자는 자신이 던져준 사과를 받아먹기 위해 서로 싸우는 노예들을 바라보며 승리감에 취할 것이다. 아, 생각만 해도 분노가 끓어오른다.

그런데 실제로 선착순을 하면 정말 그렇게까지 삭막한 싸움이 될까? 마치 광란의 콜로세움 한가운데 서 있는 글라디에이터들처럼? 그러나 참 신기하게도, 그리고 다행히도 반드시 그렇지만은 않다. 그래서 인간 세상은 아직까지 살 만한 곳인지도 모르겠다.

군대에 있던 시절, 그러니까 신참 이등병 시절이니 1989년이다. 어떤 이유였는지 기억은 잘 안 나지만 그날 우리 중대 전원이 모여 아침부터 얼차려를 받고 있었다. 장거리 작전 훈련을 다녀온 바로 다음날이었으니 아마 훈련 중에 좋지 않은 일이 있었던 것 같다. 물론 그날도 어김없이 선착순을 했다. 그런데 하필 훈련 도중 발목 인대가 늘어나는 부상을 입었던 나는, 그날 내 기억 속에서 가장 힘들었던 선착순을 하고 있었다. 그날 따라 크게 화가 난 중대장은 직접 나서서 얼차려를 진두지휘했는데, 한 바퀴 돌 때마다 오직 1등 한 명만 열외를 시켜 주는 잔혹함을 보였다. 계속 이렇게 끝까지 돌면 꼴지는 연병장을 백 바퀴도 넘게 돌아야 할 지경이었다.

나는 평소 달리기를 못하는 편은 아니어서 선착순을 하면 대체로 열 바퀴 안에서 결판이 났는데, 그날은 발목 부상으로 레이스에서 뒤처져 언제 끝날지도 모를 뺑뺑이를 끊임없이 돌고 있었다. 1시간쯤 지났을 무렵, 아직도 절반 정도의 중대원들이 레이스에 남아 있었고, 그들은 이미 연병장을 오십바퀴 가까이 뛰어 모두 지칠 대로 지쳐 있었다. 내 얼굴은 일그러질 대로 일그러졌고 마음속으로 분노가 치밀어 올랐다.

'내가 무슨 잘못을 했다고 지금 이 고생을 해야 하는 거야?'

'왜 하필이면 발목이 아픈 날 선착순을 하는 거야?'

'중대장, 소대장은 왜 환자인 나를 열외시키지 않는 거야?'

'어떻게 아픈 나를 본체만체하고 자기들만 살려고 뛸 수 있는 거야?'

'이놈의 군대는 뭐 이리 무식해? 에잇! 반전 반핵, 양키 고 홈!'

속이 터질 것 같았다. 세상은 말도 안 되는 불합리와 부조리로 가득 차 있었다. 눈앞에 보이는 모든 것이 원망스러웠고, 보병 땅개로 복무하고 있는 것이 마치 빽 없는 부모 탓인 양, 부모마저 원망스럽게 느껴졌다. 그래도 끝은 있는 법. 몇 바퀴를 더 돌고 나니 드디어 내 앞에 아무도 안 보이기 시작했다. 마침내 1등의 기회가 온 것이다. 뒤를 돌아보니 모두들 땡칠이처럼 숨을 헉헉거리며 다리를 질질 끌고 있었다. 이제 이 페이스만 잘 유지하면 더 이상 달리지 않아도 된다.

그런데 마지막 피치를 올려 골인 지점을 향하는데 그만 원수 같은 발목 부상이 다시 내 발목을 잡고 말았다. 무리하게 속력을 내니 급격하게 통증이 몰려와 바닥에 손을 짚은 채 그 자리에 주저앉아 버린 것이다. 주먹으로 땅바닥을 내리쳤다. 발목을 쑤시는 통증보다 현실에 대한 분노가 더 고통스러웠다. 그때였다. 누군가의 단단한 팔뚝이 내 겨드랑이 사이를 헤집고 들어와 순식간에 나를 일으켜 세웠다.

"신지수, 일어나! 뒤에 애들이 따라붙잖아."

© 신지수

그는 우리 분대의 이준영 상병이었다. 이 사람은 내가 발목이 아프다는 것을 잘 알고 있었다. 나는 얼떨결에 벌떡 일어나 다시 뛰기 시작했다. 속이 터질 것만 같았던 분노가 갑자기 사라지더니 통증도 견딜 만하게 느껴졌다.

"뛰어!!"

골인 지점이 다가오자, 이준영 상병은 다시 한 번 내게 크게 소리를 지르더니 자신은 속도를 줄여 조금씩 뒤로 처져 버렸다. 나는 1등으로 골인했고, 이 상병은 뒤이어 골인한 뒤 다시 연병장을 돌기 위해 방향을 바꾸었다. 그런데 바로 그때, 지켜보고 있던 중대장의 불호령이 떨어졌다.

"이준영! 신지수! 위치로!"

나와 이 상병은 깜짝 놀라 큰 소리로 복명복창을 하며 중대장에게 뛰어갔다.

"앞으로 취침! 뒤로 취침! 좌로 굴러! 앞으로 포복! 대가리 박아!!"

구령에 따라 마치 몸 개그를 하듯 정신없이 몸을 비틀어대다가 이윽고 머리를 땅에 박은 채 엉덩이를 들어 올렸다. 그러자 곧 '퍽! 퍽!'하고 중대장의 로우킥이 우리의 배를 차례로 강타했다.

"이 섀~퀴들이 어디서 쌩쑈~를 하고 있어! 중대장이 만만해 보여?!"

선착순이 다 끝날 때까지도 중대장의 '한 딱깔이'는 멈추지 않았다. 적자생존의 법칙을 깨어 버린 우리는 괘씸하기 짝이 없는 돌연변이들이었다. 심지어 얼차려가 모두 끝난 뒤에도 우리 둘은 특별히 남아 화장실 청소를 해야 했다.

그런데 아는가? 사람이란 동물이 이렇게 단순하다. 분노와 원망은 이미 모두 녹아 없어졌다. 한 딱깔이도, 화장실 청소도 전혀 힘들지 않았다. 아드레날린이 분비되어 기운이 솟고 저절로 콧노래가 나왔다. 이게 바로 말로만 듣던 전우애란 말인가? 이 상병이 하얀 이를 드러내며 내게 말했다.

"뺑뺑이 돌 때 스트레스 받으면서 악착같이 뛸 필요 없어. 그냥 운동한다 생각하고 조금 힘든 척하면서 천천히 뛰어주면 돼. 뛰다가 너처럼 힘들어하는 애들 있으면 좀 양보하기도 하고 도와주기도 하고 말이야, 하하하!"

이런 멋진 놈…!

나중에 알고 보니 고참이지만 나보다 한 살 어렸다.

2009년 11월 어느 날. 나는 아침 일찍 인천공항을 떠나 오사카 간사이 공항을 찍은 뒤 다시 부산 김해공항으로 돌아오는 퀵턴(Quick Turn) 비행을 시작했다. 그해 8월 기장으로 발령이 났으니 기장이 된 지 3개월 된, 그러니까 하룻강아지 뭐 무서운 줄도 모를 때다. 처음으로 기장이 되면 마치 세상 모든 것을 가진 것처럼 근거 없는 자신감과 건방이 하늘을 찌르는데, 지금 생각해보면 나라고 예외는 아니었던 것 같다.

물론 그것도 그리 오래가지는 못한다. 자신감에 충만한 신참 기장들도 날씨와 맞서 싸우고, 기계와 맞서 싸우고, 또 사람과 맞서 싸우다 보면 어느새 전투력은 바닥이 나 버린다. 그러고는 '아, 이게 모두 싸워서 될 일이 아니었구나!'하고 깨닫게 될 즈음에야 비로소 훌륭한 기장이 되기 위한 첫걸음을 겨우 떼게 된다.

뭐 어쨌든 그날 오사카까지의 임무는 만족스럽게 완수되었고, 나는 열심히 부산행 비행 준비를 하는 부기장에게 비행이란 이런 거니, 저런 거니 하고 떠들어대며 쉬지 않고 잘난 척을 하고 있었다. 잠시 뒤 비행계획서가 조종실에 도착했고, 기상 상황을 보니 부산 김해공항은 구름이 끼어 실링

(Ceiling : 지상으로부터 구름 바닥의 높이)이 3천5백 피트로 예보되어 있었다. 바람은 강한 남풍이 15노트로 불어 착륙을 위해 서클링 접근(Circling approach)을 해야 할 상황이었다. 나는 강한 자신감을 보이며 말했다.

"옳지, 오랜만에 서클링 한 번 하겠구나!"

비행기는 착륙할 때 정풍(맞바람)을 받으며 착륙해야 착륙에 필요한 활주로 거리가 짧아지고 안전하게 착륙할 수 있다. 그런데 이와 반대로 비행기 뒤쪽에서 바람(배풍)이 심하게 불 경우, 서클링 접근을 해야 할 경우가 간혹 있다. 이는 등 뒤로 바람을 맞으며 활주로와 나란히 비행하다가, 마지막 순간에 활주로를 직접 눈으로 확인하면서, 사각으로 유턴하여 반대 방향으로 내려앉

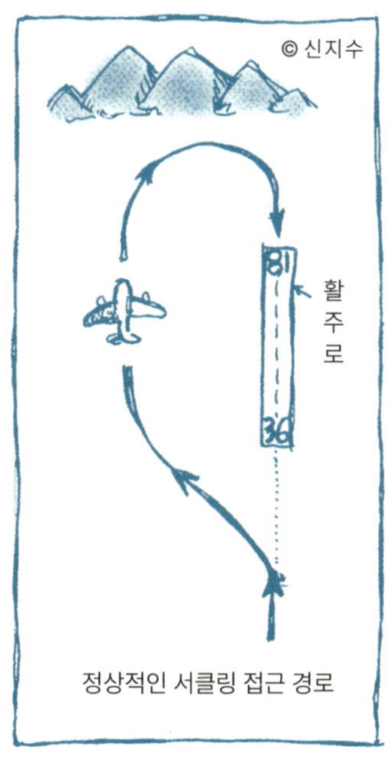

정상적인 서클링 접근 경로

는 것을 말한다. 결국에는 정풍을 맞으며 착륙하게 되는 것이다.

이러한 서클링 접근은 착륙 활주로로 접근하는 여러 가지 방법 가운데서도 낮은 고도에서 여러 번 급선회를 해야 하므로 특히 난이도가 높은 접근 절차에 속한다.

김해공항이 딱 그렇다. 평소 북풍이 불 때는 정풍을 받으며 바다 쪽에서 활주로 쪽으로 손쉽게 접근할 수 있다. 이때 사용되는 활주로는 360도 정북을 향하는 36L인데, 이 활주로에는 정밀 접근 장치인 ILS가 잘 갖추어져 있다. 그러나 반대로 남풍이 불 경우에는 상황이 달라진다. 원칙대로라면 정풍을 받도록 180도 정남을 향하는 활주로 18R로 접근해 착륙해야 하지만, 18R은 김해공항 북쪽을 가로막고 있는 산 때문에 따로 접근 절차가 갖추어져 있지 않다. 그래서 배풍을 맞으며 활주로 36L쪽으로 접근해 가다가, 마지막 순간에 직사각형 모양의 좁은 레이스 트랙을 그리며, 반대쪽 활주로인 18R로 돌아 착륙하는 서클링 접근을 해야 하는 것이다.

무엇보다 김해공항의 경우, 북쪽에 산이 워낙 가까이 있어 활주로로부터 2~2.5마일(4~5km) 정도의 아주 좁은 반경으로 선회하며 활주로에 착륙해야 하는데, 정교하고 쾌적하게 착륙하기가 만만치 않다. 2002년 중국 국제항공 여객기의 김해

공항 추락 사고 역시 이 접근 절차를 수행하다가 벌어졌다.

사고 당시, 김해공항의 서클링 접근 절차에 익숙하지 않았던 조종사들은 파이널 선회 반경을 충분히 확보하기 위해 무리하게 북쪽 산악 지형으로 가까이 갔는데, 좋지 않은 기상 상태에서 순간 구름 속으로 들어가 버리자 자신의 위치를 잃어버린 채 산중턱에 부딪혀 버렸던 것이다. 이 사고로 비행기는 모두 부서져 버렸고 여러 명의 사상자가 발생했다.

뭐 과거야 어쨌든, 김해 서클링 접근이 쉽지 않은 접근 절차이지만 최근 몇 번 이 접근을 만족스럽게 수행해 나름 자신감이 가득 차 있었던 나는 '앗싸, 오늘도 뭔가 보여주겠어!'라며 속으로 의욕에 불타고 있었다. 그때 비행 서류 검토를 마치고 사인을 하는데 부기장이 충고해주었다.

"기장님, 김해에 서클링 접근 할 것 같은데 연료를 좀 더 싣는 게 낫지 않을까요?"

"왜? 내가 한 번에 못 내릴까 봐 걱정이야?"

"아, 아니요, 그게 아니라…."

"하하하! 서클링은 문제없고, 대신 여기 오사카 출발할 때 비행기가 많이 붐빌 것 같으니까 지상 대기에 대비해서 연료 1천 파운드만 더 싣고 갑시다."

"예… 기장님."

그러나, 연료를 더 실었어야 했다. 부기장 말이 맞았다.

오사카 간사이 공항을 떠나 길지 않은 시간 만에 김해공항에 근접했다. 짐작대로 서클링 접근이 실시 중에 있었는데, 이거 좀 심상치 않았다. 몇몇 비행기들이 고어라운드(Go Around : 착륙을 시도하다가 포기하고 다시 하늘로 올라가는 것)를 하고 있었고, 등 뒤에서 바람을 받으면서라도 36L로 착륙을 하겠다고 허가를 요청하는 신경질적인 목소리가 무선통신으로 들려왔다.

공항 기상정보를 다시 받아보았다. 바람은 예상과 크게 틀리지 않게 190 방향에 13노트였는데, 시정(視程)이 3마일이고 구름 실링이 무려 1천 피트로 떨어져 있었다. 공항 주변 여기저기 비구름이 몰려 있었고, 회사 무선통신을 통해 알아보니 기상 상황이 이지경이 되기 시작한 지 겨우 몇 분도 되지 않는다고 했다.

규정상 서클링 접근을 수행할 수 있는 최저 기상 조건은 실링 1천 피트와 시정 3마일이다. 그러니까 그날은 서클링을 할 수 있는 최저 기상조건이었던 셈이다. 나는 그렇게 나쁜 날씨에 서클링을 해본 적이 없었다. 그런데도 겁먹기보다는

'오케이, 좋았어. 한번 해봐!'하는 느낌이었다. 정말 이 근거 없는 자신감은 도대체 어디서 나오는 것이었을까?

김해 접근 관제사(Aooroach Controller)가 드디어 우리에게 접근을 허가해주었다. 그리고 나는 활주로 36L을 향해 정밀 접근 유도 장치인 ILS를 따라 강하하기 시작했다. 구름 속은 무척 흔들렸고 가끔씩 요란한 빗소리가 창문을 때려댔다. 접근 최저 고도인 1천1백 피트가 되자 강하를 멈추고 수평 비행을 유지하며 눈을 부릅뜨고 활주로가 나타나기만을 기다렸다. 그러나 비행기는 좀처럼 구름 속을 벗어나지 못하고 있었다.

서클링 접근은 반드시 눈으로 활주로를 보며 실시해야 한다. 따라서 구름 속에 있는 한 접근 절차는 시작할 수조차 없는 노릇이다. 기상 레이더를 보니 짙은 비구름이 남풍을 타고 공항 쪽으로 북상하는 모양새로 보였다. 하지만 다행히 아직 비구름이 공항을 완전히 뒤덮지는 않은 상태였다. 북쪽으로 갈수록 점차 구름이 옅어지기 시작하더니 드디어 활주로의 윤곽이 나타나기 시작했다.

나는 신경이 곤두섰다. 날씨 좋은 날 멀리서부터 여유롭게 공항 활주로를 쳐다보며 서클링 접근을 할 때와는 전혀 다른 상황이 펼쳐졌기 때문이다. 구름 속에서 벗어났을 때 활주로는 이미 코앞에 다가와 있었다. 서둘러 좌선회를 하여 활주로 왼쪽으로 빠져 나갔다. 레이스 트랙을 그리기 위해 드디어 기동을 시작한 것이다. 그러나 평소보다 훨씬 늦게 레이스 트랙 패턴을 만들기 시작하니 안정적으로 패턴을 그릴 충분한 시간적인 여유가 없었다.

안정적인 패턴을 위해서는 활주로와 평행한 방향으로 가다가 180도 유턴하여 18R로 착륙할 수 있는 횡적 공간을 충분히 확보해야 하는데 뒤늦게 기동을 시작하게 되니 충분히 간격을 벌려 공간을 확보하기 힘들었다. 그렇다고 패턴의 간격을 넓히기 위해 북쪽으로 더 전진하면 산과 너무 가까워져 위험하다. 마지막 유턴 지점인 남해고속도로가 눈앞에 다가오자 더 이상 공간을 넓히지 못한 채 마지막 선회와 강하를 시작했다.

"이거 원! 급선회 해야겠는데!"

나는 비행기의 선회 반경을 줄이기 위해 허용된 최대 양까지 비행기에 경사를 주었다. 급경사를 더 주면 비행기의 선회 반경은 더 줄어들 수 있겠지만 아마 승객들이 불편해할 것이다. 물론 가끔은 놀이공원에서 돈을 내고 일부러 경험하기도 하겠지만 오늘은 그럴 기분이 아닐 것이다. 그때였다. 갑자기 창문 밖이 하얗게 변하고 말았다. 낮게 떠 있던 작은 조각구름 속에 들어가 버린 것이다.

"이런 젠장!"

겨우겨우 힘들게 접근하고 있었는데 갑자기 조각구름이라니! 서클링 접근을 하다가 구름 안으로 들어가면 언제든 곧바로 고어라운드 해야 한다. 서클링 접근이란 것이 워낙 좁은 공간에서 낮은 고도로 기동을 하는 것이라, 안전한 기동을 위해서는 처음부터 끝까지 활주로를 눈으로 보고 있어야 하기 때문이다. 아쉬움과 분노가 교차하는 가운데 쓰러스트 레버(Thrust Lever : 추력 조절장치)를 밀어 넣으려고 했다. 그런데 그 순간 다시 구름 바깥으로 훌쩍 나와 버렸다.

"어디야, 어디? 활주로 어디 있어?"
"저기 있습니다. 빨리 도세요! 돌아!"

오른쪽에 있는 희미한 활주로를 찾아내고는 다시 비행기에 최대한으로 급경사를 주었다. 순간적으로 구름 속에 들어간 2,3초 동안 고어라운드를 위해 본능적으로 경사를 풀어버려 비행기를 거의 수평 비행자세로 만들어 버렸던 것이다. 안 그래도 최대한 급경사를 유지해서 선회 반경을 줄여야 하는 상황이었는데, 이건 선회 반경을 오히려 더 크게 만들어 버렸다.

"젠장! 오버슈트(Overshoot)다!"

뒤늦게 다시 급선회를 시작했으나 이미 때는 늦었고 비행기는 18R 활주로 중심선을 크게 지나 돌고 있었다.

"기장님, 고어라운드 하시죠."
"……"

조용히 고어라운드를 실시했다. 다시 구름 위로 올라가는데 분을 참을 수 없었다. 부기장에게 잘난척하고 떠들던 것이 너무 창피하기도 했고, 뭐 어쨌든 모든 게 원망스러웠다. 비행기가 안정되자 기내 방송을 했다. 기상 악화로 접근과 착륙을 중단하였고, 기상은 계속 악화되고 있지만 다시 한 번 착륙을 시도할 것이라고 말했다.

"기장님, 배풍 13노트로 나오는데, 36L로 배풍 착륙 하시죠."

착륙이 가능한 배풍 제한수치는 젖지 않은 노면 상태에서 10노트까지다. 그러나 서클링 접근이 부담스러운 김해공항의 경우만 유일하게 배풍 15노트까지 제한치를 높여 적용할 수 있도록 교통부로부터 허가되어 있다. 그러니까 김해공항에서는 서클링 접근보다는 등 뒤에서 바람을 맞더라도 배풍 15노트로 착륙하는 것이 오히려 더 안전하다고 보는 것이다.

"그럽시다, 날씨가 너무 안 좋네…. 36L 요청해봅시다."

"Gimhae approach, Korean air 732, request ILS 36L with tail wind. (김해 접근 관제소, 대한항공 732편 ILS 36L로 배풍 착륙을 요청합니다.)"

"대한항공 732편, 출발하는 비행기들이 많아서 36L로 착륙하려면 홀딩(Holding : 체공비행) 해야 합니다."

그렇다. 배풍 13노트가 불면 착륙 제한치는 15노트로 상향 적용해 착륙이 가능하지만 이륙은 여전히 불가능하다. 이륙의 경우는 김해공항이라 해도 제한치는 다른 공항과 마찬가지로 여전히 10노트이기 때문이다. 내가 직접 마이크 키를 잡고 관제사에게 물어보았다.

"얼마나 기다려야 합니까?"

"예… 36L은 20분 정도 기다려야 합니다. 18R로 내리면 지금 바로 접근할 수 있습니다. 어떻게 하겠습니까?"

만약 김해에 못 내리고 회항할 경우, 교체 공항인 제주까지 가는 데 약 7천 파운드의 연료가 필요하고, 거기에 비상상황에 대비해 남겨두어야 하는 최저 연료 7천 파운드를 더하면 최소한 1만 4천 파운드의 연료가 필요하다. 갖고 있는 연료량에서 이것을 빼면 남는 연료는 약 2천5백 파운드였다. 오사카에서 더 실은 1천 파운드와 비행하면서 절약한 1천5백 파운드의 연료였다.

이것으로는 대략 15분 홀딩 할 수 있으므로 20분 동안 홀딩 하려면 비상상황에 대비해 남겨두어야 할 최저 연료까지 일정량 써야 한다. 결론은 명쾌해졌다.

"Roger, Request circle-to-land 18R one more time, sir. (예, 그러면 18R 서클링 한 번 더 하겠습니다.)"

"Roger that, Korean air 732 fly heading 030, descend to 2700 feet, you are cleared for ILS 36L then circle-to-land 18R. Report runway in sight. (알겠습니다. 대한항공 732편, 기수를 030 방향으로 하여 2천7백 피트로 하강하세요, ILS 36L과 서클링 18R 접근을 허가합니다. 활주로가 보이면 보고하세요.)"

"Roger! heading 030, down to 2700, cleared for ILS 36L then circle-to-land 18R. (알겠습니다! 기수 방향은 030, 2천7백 피트로 강하하여 ILS 36L과 서클링 18R 접근을 허가 받았습니다.)"

한 번 실패를 하고 나니 두 번째는 잘할 수 있을 것 같았다.

'안 그래도 한 번 실패해서 찝찝했는데 잘됐다. 이번에는 제대로 뭔가 보여주마. 이것이 바로 제대로 된 리얼 저 시정(low visibility) 서클링 접근이다. 이런 기회가 자주 오는 것도 아니야. 한번 멋지게 착륙해보자고.'

공항 위에는 아직 비가 오지 않았지만 공항 남쪽에는 벌써 엄청난 비구름들이 몰려와 있었다. 남쪽을 향해 선회하며 다시 구름 속으로 들어가니 엄청난 양의 폭우가 비행기에 퍼부어댔다. 비행기는 요란하게 흔들렸고, 체크리스트를 읽는 부기장의 손이 무척 떨렸다. 부기장이 말했다.

"기장님, 오사카에서 연료를 좀 더 실었으면 홀딩 하다가 ILS 탈 수 있었을 텐데…. 부산 기상예보가 영 엉터리라서 안타깝네요. 이젠 기상예보 못 믿겠어요."

순간, 짜증이 솟구쳤다. 부기장의 말은, 부산의 기상 예보가 틀리는 바람에 추가 연료를 싣지 못한 것을 탓하는 것이었는데, 나에게는 연료를 더 싣자는 부기장의 조언을 받아들이지 않은 것을 탓하는 것처럼 들렸다. 어리석게도 기상 예보가 아니라 '나'를 탓하는 것으로 느낀 것이다. 옹졸함이 작렬한다.

"괜찮아! 이런 날에 서클링 한번 제대로 해봐야지. 그렇게 편한 것만 찾으면 언제 기량이 늘겠어. 오늘 같은 날은 오히려 기회야!"

내 말에 기분이 상했는지 부기장은 대답이 없었다. 그때 사무장이 인터폰으로 나를 불렀다. 그 와중에 콜이 오자 또 다시 짜증이 났다. 그러나 한편으로는 객실 승객들이 어떤 상황인지 궁금했고, 인터폰을 받으면서도 속으로는 걱정이 앞섰다.

"예, 사무장님."

"기장님, 여기 한 승객분이 무척 걱정하시면서 여쭤보시는데요…."

"네, 계속 말씀하세요."

"창밖으로 보니까 엔진 속으로 계속 엄청나게 물이 들어가고 있는데 이러다 엔진 꺼지는 게 아닌가 걱정스럽다고요. 제가 직접 봐도 완전 소방차 물 뿌리듯이 엔진으로 물이 빨려 들어가고 있거든요. 저도 이런 건 처음 보는…."

사무장의 말이 길어지자 나는 가차 없이 말을 잘라 버렸다.

"괜찮아요! 안 꺼져요! 지금 폭우 속에 있으니까 그런 거예요, 됐어요?"

"아… 예…. 바쁜데 콜 드려서 죄송합니다."

화가 났다. 젊은 여자 사무장이었는데 눈치도 없는 것 같았고, 이거 원 그저 답답하게만 느껴졌다. 드디어 ILS 유도를 따라 다시 활주로 36L를 향해 접근을 시작했고, 최저 고도 1천1백 피트에 다다르자 수평 비행을 하며 다시 한 번 활주로가 나타나기를 기다리고 있었다. 그런데 이게 웬일인가? 지난번 접근 때 구름을 빠져 나왔던 지점을 이미 지났는데도 아직 활주로가 보이지 않았다.

이런! 몇 분 사이에 비구름이 더 북쪽으로 옮겨갔나 보았다. 창밖과 계기를 번갈아 보며 활주로가 나타나기만을 초조하게 기다리는데 내비게이션 디스플레이 상 비행기는 이미 활주로 상공을 지나고 있었다. 먼저 번 접근할 때 활주로 직전에서 선회 기동을 시작하고도 충분한 간격의 레이스 트랙 패턴을 그리지 못했는데, 이미 활주로 위를 지나 버렸으니 지금 활주로가 보인다 할지라도 착륙에 성공할 가능성은 제로에 가까웠다. 결국 나는 두 번째 고어라운드를 하고 말았다. 분노는 극으로 치닫기 시작했다.

"대한항공 732편, 여기는 김해 어프로치. 이번에는 왜 고어라운드 하셨습니까?"

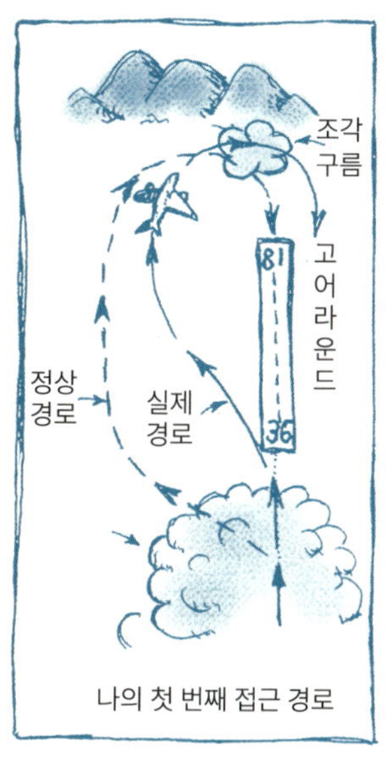

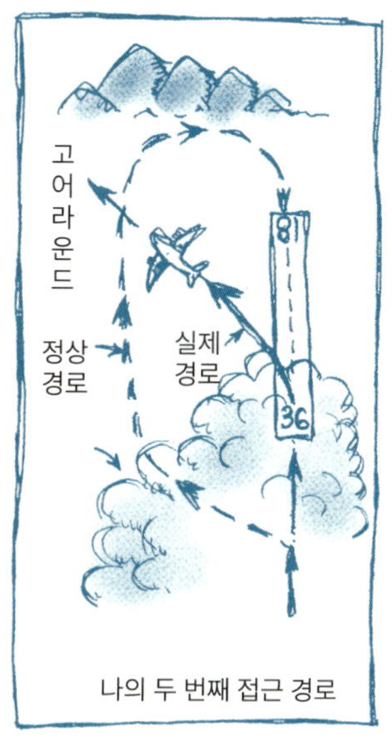

© 신지수

관제사의 질문에 다시 신경이 곤두서서 직접 키를 잡았다.

“김해 어프로치, 활주로가 안 보입니다! 지금 이거 서클링 할 수 있는 기상이 아니에요! 도대체 지금 시정이 얼마입니까?”

관제사는 잠시 뜸을 들인 뒤 대답했다.

"현재 시정 2마일입니다."

기가 막혔다. 서클링을 할 수 있는 최저 시정은 3마일이다. 나는 한숨을 쉬며 말했다.

"지금 더 이상 기다릴 수 있는 연료가 없습니다. 36L로 내려주면 접근을 다시 하고, 안 되면 바로 제주로 가겠습니다."

"대한항공 732편, 조금만 기다려보세요. 출발 비행기들이 아직 몇 대 남아 있어요."

"김해 어프로치, 못 기다린다고요! 날씨도 이렇게 안 좋은데 출발하는 비행기들은 잠시 대기시키고 일단 급한 비행기부터 내려주시면 안 되나요? 저희 이제 연료 없습니다. 지금 36L 활주로에 배풍 13노트면 내려줄 수 있잖아요? 지금 36L로 내려줄 건지 말 건지 답변을 주세요. 아니면 바로 제주로 가겠습니다."

"그러기에 아까 홀딩 하시지 그러셨어요. 홀딩 한 비행기는 36L로 내렸습니다. 알겠습니다, 헤딩 200도로 비행하세요. 36L로 접근 준비하세요."

더 이상 대꾸하지 않았지만 기분이 몹시 나빴다. 이런 날씨에 서클링을 시키는 것도 화가 났고, 출발 항공기 때문에 연료도 얼마 안 남은 비행기를 홀딩 시키는 것도 화가 났다. 사실 우리가 제주로 가건 말건 관제사는 알 바가 아니다. 그런데도 나는 어린애처럼 마치 대단한 엄포라도 내리듯 원하는 대로 해주지 않으면 제주로 가겠다고 큰소리치고 있었던 것이다. '너 그거 나한테 안 주면 같이 안 놀 거야' 뭐 이런 것처럼 말이다. 어쨌든 내 주위에 내 편은 아무도 없는 것 같았다.

다시 기내 방송을 할 때에는 수치스러웠다. 15년 동안 비행을 하면서 한 비행에서 두 번 연속으로 고어라운드를 해본 적이 없었다. 승객들은 불안해할 것이고, 사무장은 날 못 믿을 것이다. 부기장도 이제는 말이 없고, 엔진 계기에 연료 수치는 뚝뚝 떨어져만 갔다. 금세 접근을 시켜줄 것 같던 관제사는 생각보다 빨리 접근을 시켜주지 않고 우리 비행기를 자꾸 바깥쪽으로 돌리고 있었다. 아마도 몇 대의 비행기를 또 출발시키고 있나 보다. 마음은 더 급해졌다. 이제는 더 이상 지체했다가는 비상 연료를 써야 할지도 모를 상황이었다.

몇 번의 재촉 끝에 드디어 36L로 ILS 접근 허가를 받았다. 거의 3천 파운드의 연료를 더 소모해 만약 이번에 또 다시 착륙에 실패해 제주로 돌아간다면, 최저 연료량인 7천 파운드보다 조금 적은 연료량으로 착륙할 수밖에 없다는 계산이 나왔다. 물론 상황에 따라 비상 연료를 사용할 수도 있지만 그럴 경우 골치 아픈 보고서를 작성해야 한다.

그러나 상황은 더 심각해지고 말았다. 이 모든 상황들을 내다보고 분석해 대응하기에는 내 능력과 경력이 모자랐지만 나는 이 모든 것이 그저 '운'이 없었기 때문이라고 생각했다. 그저 머피의 법칙이란 것이 바로 이런 것이로구나, 하며 핑계거리를 찾고 있었던 것이다.

남쪽에서 서서히 올라온 비구름은 더 강한 배풍을 일으켰다. 활주로 십여 마일 전방에서 배풍의 양은 무려 40노트에 이르렀다. 랜딩기어를 내리고 스피드 브레이크를 사용했지만 배풍은 좀처럼 줄어들 기미가 보이지 않았다. 2천 피트를 통과할 즈음에도 배풍은 여전히 무려 25~30노트에 달했다. 관제사가 마지막으로 착륙 허가를 내주면서 말했다.

"대한항공 732편, 활주로 표면은 아직 배풍 15노트입니다만 상황은 점점 나빠지고 있는 것으로 보입니다. 활주로 위에서 만약 배풍이 이보다 더 세지면 곧바로 착륙을 멈추고 고어라운드 하세요! 36L 활주로에 착륙을 허가합니다."

"잘 알겠습니다. 착륙을 허가 받았습니다."

미치겠다. 환장하겠다! 활주로에 착륙할 때 15노트 이하로 배풍이 줄어들지 않으면 착륙이 위험하다. 이러다가 잘못하면 세 번째 고어라운드를 하게 생겼다. 더구나 이번에 고어라운드를 하면 바로 제주로 가야 한다. 간당간당한 연료를 가지고 똥줄 타며 말이다. 분통이 터졌다. 열심히 비행 잘하는 나에게 어째서 이런 일이 생기는 것일까?

맨 처음 접근을 방해했던 작은 조각구름도 그렇고, 슬금슬금 북쪽으로 움직이는 비구름도 그렇고(왜 하필이면 북쪽이야!), 말 속에 뼈가 있는 듯한 부기장의 조언도 그렇고, 내가 얼마나 힘든지 별 생각도 없어 보이는 사무장도 그렇고, 나를 홀로 이런 힘든 곳에 보내놓고 나 몰라라 하는 회사도 그렇고, 힘들게 착륙하는 비행기 사정도 생각 안 해주는 관제사까지 모두가 미웠다. 내 편은 하나도 없고, 모두 나를 방해하는 훼방꾼들만 있는 것 같았다. 나만 힘들어 죽겠는데, 나만 이렇게 열심히 비행하고 있는데…. 이러다 이거 또 한 번 뺑뺑이를 돌게 생겼다.

1천5백 피트를 통과하는데 아직도 배풍은 25노트였다. 이제는 절망이었다…! 분노와 긴장감은 결국 패배감으로 바뀌었다. 나는 더 이상 내 주변의 수많은 적들과 싸워 이길 자신이 없어졌다. 전투력을 잃어버린 나는 연병장 바닥에 주저앉고 말았다. 적자생존의 법칙에 따라 나는 이제 저기 맨 뒤에서 다리를 질질 끌며 땡칠이처럼 숨을 헐떡거리는 한심한 패배자들의 대열에 끼게 되었다. 그런데 바로 그때, 귓가에서 기억이 가물가물한 목소리가 맴돌았다.

"신지수, 스트레스 받지 마. 뭐하러 그렇게 힘들게 뛰어?"

"응? 누구지?"

"무슨 걱정이야? 너의 주변을 둘러봐. 화를 낼 이유는 아무것도 없어. 지금 너의 주변에 있는 어느 누구에게도 잘못은 없단 말이야. 물론 너 자신을 포함해서 말이야."

"나도?"

"그래. 너도 잘못 없어. 스스로를 학대하지 마. 도대체 저들에게 뭘 보여주고 싶은 거야? 영웅이 되고 싶은 거야? 자연과 역경을 이긴 영웅?"

“아니, 나는 그저 유능한 기장이란 것을 증명해 보이고 싶었어.”

“그렇다면 일단 어린애처럼 칭얼대지 좀 마. 그리고 제발 싸우지 좀 마! 유능한 기장이란 타이틀은 싸워 얻어내는 챔피언 벨트가 아니란 말이야.”

“하지만 어차피 나는 패배했어! 이제 내 편은 아무도 없어.”

“이런 바보야! 계속 뺑뺑이만 도니까 보이는 것도 믿지 못하는 거야. 관제사는 너를 내려주기 위해 지금 출발하는 비행기를 두 대나 세워놓고 있어. 사무장은 여자의 몸으로 불안에 떠는 승객들을 안심시키려 내내 동분서주하고 있고, 공항 지점에서는 너를 빨리 착륙하게 해 달라고 관제탑에 이미 여러 번 연락을 했어. 정비사들은 지금도 다들 널 기다리며 목 아프게 하늘만 쳐다보고 있어. 그리고 부기장, 그는 너를 좋아해. 너를 잘 도와줘서 너에게 인정받고 싶어 한단 말이야. 그리고…”

“그리고?”

“첫 번째 조각구름은 네가 무리해서 접근을 계속하지 못하도록 너를 막아준 거야. 그러고도 또 다시 접근을 하려 하니까 두 번째에는 아예 비구름으로 활주로를 가려 버린 거야.”

"……"

순간, 마음속으로 울음이 터져 나왔다. 나는 다 알고 있었다. 이미 그것들을 전부 다 알고 있었다. 그들은 하나같이 모두 내 편이었는데, 모두들 나를 도와주고 있었는데….

눈물이, 눈물이 멈추지 않았다. 마음속 '그 사람'은 내 겨드랑이에 단단한 팔뚝을 끼워넣어 고개 숙인 나를 벌떡 일으켰다. 그러고는 측은한 듯, 옷에 묻은 흙을 털어주며 마지막 말을 남겼다.

"다 잘될 거야."

"……"

"다들 아직 너를 포기하지 않았어. 너만 스스로 포기하지 않으면 돼."

1천 피트가 되었다. 결심의 순간이 다가왔다. 그런데 이게 웬일인가? 조금 전까지만 해도 사납게 몰아치던 바람은 어느새 분을 가라앉히고 점점 순둥이로 변해가고 있었다. 부기장은 신이 나서 바람의 세기를 불러준다.

© 신지수

"17노트!"

"15노트!"

"13노트!"

"11노트! 렌웨이 인사이트(Runway in sight)!"

드디어 활주로가 눈에 들어왔다. 나는 자동조종장치를 해제하고 조종간을 가볍게 쥐었다.

"랜딩!"

착륙을 결심하고 조종간을 조금씩 움직여보았다. 자유로웠다. 나를 방해하는 것은 아무것도 없었다. 나는 자유롭게 날고 있었고, 날개를 펼쳐 가볍게 땅으로 귀환하는 순간 내 주위에 있는 모두가 내 편이었다.

착륙 뒤 다시 땅을 밟게 된 기쁨은 이루 말할 수 없었다. 부기장에게, 사무장에게, 그리고 관제사에게도 모두 미안했다. 게이트에 도착해 승객들이 모두 내리고 난 뒤에도 창피해서 고개를 들 수 없었다. 그때 정비사가 올라와서 능글맞게 말한다.

"와! 기장님, 이 날씨에 어떻게 내렸어요? 제주로 가실 줄 알았는데…."

이에 사무장이 옆에서 띄워준다.

"와! 우리 기장님이 실력이 대단하시구나! 고맙습니다, 기장님. 난 공중에 비가 그렇게 많이 오는 건 또 처음 봤어요. 얼마나 무섭던지…."

거기에 부기장이 다시 받아친다.

"기장님 정말 대단하셨어요. 이런 접근과 착륙은 저도 처음이에요. 많이 배웠습니다!"

너무 미안했다. 어리석게도 그만 나는 이들을 원망했다. 호텔에 도착한 뒤에도 나는 한동안 할 말을 잃었다. 몇 시간 전까지만 해도 잘난척하며 떠들어대던 모습과는 사뭇 다른 내 모습을 보고 걱정이 되는지 부기장이 조심스럽게 물어보았다.

"기장님, 그런데 어디 아프세요?"
"아니, 이제 다 나았어."

싸우는 자는 바보다.
싸우지 않으면
모두 내 친구다.

/05/

사 냥

Hunt

"살기 위해 사냥하는 것은 용서할 수 있다.

그러나 죽이기 위해 사냥하는 것은

절대 용서할 수 없다."

2001년 9월 12일. 이날 저녁 뉴스를 보았던 사람들은 기억하고 있을 것이다. 마치 블록버스터 영화 속에나 나올 만한 광경이 CNN Live 또는 FOX News라는 낯설지 않은 자막과 함께 텔레비전 전파를 타고 전 세계에 전해지고 있었다. 그것은 바로 충격의 9·11 테러 사건이었다.

네 대의 민간 여객기가 납치되었고, 이들의 가미가제식 자살 테러로 맨해튼의 세계무역센터와 워싱턴의 펜타곤(미 국방부)이 공격받았다. 미국 동부 시각으로 9월 11일 오전이었고, 한국 시각으로는 9월 11일 저녁이었다. 이 낯선 모습은 비행기를 조종하는 사람들에게 더욱 큰 충격이었다. 나는 여태껏 내가 조종하는 비행기가 건물을 무너뜨릴 수 있는 무서운 무기로 바뀔 수 있으리라고는 상상조차 하지 못했다.

그러고 보면 옛날 일본 제국주의자들이 오늘날의 테러리스트들에게 정말 좋은 것도 가르쳐주었다. 태평양 전쟁 당시, 벼랑 끝에 몰린 일본군은 비행장 주변을 서성이는 남자 아이들을 꼬여내었다. 이 아이들은 또래의 다른 아이들과 마찬가지로 그저 비행기를 좋아하고 동경하는 순수한 남자 아이들이었다. 아이들은 마음속으로 대일본제국의 자랑스러운 레이센(零船: 태평양 전쟁 당시 일본이 자랑하던 주력 전투기. 다른 이름으로 'Zero 전투기'라고도 불렀다) 조종사가 되어 아오조라(青空 : 푸른 하늘)를 자유롭게 나는 가슴 벅찬 꿈을 꾸고 있었다. 어른들이 이 아이들을 비행장 안으로 불러들였을 때, 아이들은 마침내 꿈이 이루어져 이제 곧 위기의 일본을 구하고 전쟁을 승리로 이끌 위대한 영웅이 될 것만 같았다.

그러나 어른들은 이 아이들에게 잘못된 영웅의 모습을 가르쳤다. 아이들은 결국 자신의 운명이 '일회용 파일럿'이 되어 단 한 번의 출격에 나서는 것임을 알게 되지만, 자신이 가족과 나라를 위해 할 수 있는 일이라고는 그 운명을 영광스럽게 받아들이는 것밖에 없다고 믿게 된다.

그런데도 밀려드는 깊은 슬픔은 막을 길이 없었고, 어린 가슴은 퍼렇게 멍들어 버렸다. 밤마다 엄마가 보고 싶어 가슴이 찢어질 것 같았지만 집으로 돌아갈 수 없었다. 슬픔을 잊으려, 가슴에 총알을 다섯 발이나 맞고도 끝까지 조종간을 놓지 않았다는 어느 선배 조종사의 영웅담을 이야기했지만, 아이들은 이미 가슴에 수없이 총알을 맞은 것처럼 느꼈다.

비행기를 태워주는 것만으로도 황송하게 여겼던 순진한 시골 아이들은 단 일주일 만에 달랑 15시간의 아주 특별한 비행 훈련을 받게 된다. 그러고는 결국 작은 가슴속에 일장기를 한 장씩 품은 채 일왕이 내려주는 술 한 잔으로 목을 축이고 사지로 보내졌다.

떠나는 아이들은 그때까지도 착륙하는 법은 배우지 못했고, 그들이 탄 비행기에는 탱크 가득 연료가 실렸지만 그 연료는 배불리 먹고 날기 위한 것이 아니었다. 그들이 바로 미 해군을 공포에 떨게 했던 유명한 가미가제(神風) 특공대였다.

9·11은 현대판 가미가제였다. 비행기를 빼앗은 테러리스트들은 모두 젊은이들이었고, 자살임무 수행을 위해 경비행기를 겨우 조종할 수 있을 정도로 최소한의 비행 교육을 받았다. 그들에게 '비행'이란 내가 생각하는 것과 전혀 다른 것

© 신지수

이었고, 그들은 비행이 가진 값진 의미를 알지 못했다. 테러리스트들은 비행기를 '사냥'했다. 사냥 당한 비행기들은 자유롭게 날지 못했고, 더 큰 사냥을 위한 도구가 되었다. 아이들이 좋아하는 우리의 날개 달린 기계가 그만 아이들과 사람들을 불태워 죽인 것이다. 수없이 많은 무고한 사람들을 말이다!

테러리스트들도 분명 죽기 직전까지 조종실에서 세상을 바라보고 있었을 것이다. 그렇다면 눈앞에 펼쳐졌을 맨해튼의 풍경은 그들에게 어떻게 보였을까? 과연 악의 제국을 상징하는 증오의 공격 대상으로 보였을까? 혹시 비디오 게임의 가상현실 도시로 착각하고 있었던 것은 아닐까? 나는 그것이 정말 궁금했다. 나도 맨해튼의 하늘을 날아보았지만 맑은 아침 하늘에서 바라본 마천루의 풍경은 너무나 아름다운 모습이었기 때문이다.

충돌 직전까지도 비행기 조종실은 온통 따스한 가을 햇살로 가득 차 있었을 것이다. 창밖에는 해수면과 빌딩의 창문들이 햇살을 받아 눈부시게 반짝이고 있었을 것이고, 그 찬란한 햇살 속에서 쌍둥이 빌딩은 자신에게 다가오는 비행기의 아름다운 날개를 거울처럼 선명히 비춰주고 있었을 것이다. 머릿속을 떠나지 않는 그 모습들이 마음을 더욱 아프게 한다.

한국 시각으로 9월 12일 저녁, 9·11 테러가 발생하기 서너 시간 전에 나와 입사 동기였던 모 부기장은(이 친구는 지금 B737 기장이 되어 있다) 뉴욕을 향한 B747 점보 비행기 KE OOO편에 올라탔다. 서울을 떠나 한참 태평양을 건너고 있는데 회사로부터 긴급 메시지가 도착했다. 프린트된 전자 메시지에 적힌 내용은 대충 비행기 납치에 관한 내용이었는데, 아마도 뉴욕에서 비행기 납치 소동이 벌어진 것 같았다.

메시지의 내용이 워낙 간단하고, 회사로부터 특별히 어떻게 하라는 지시가 없었으므로 비행은 평소와 같이 계속되었다. 당시 조종석에는 교육을 받고 있던 수습 부기장이 함께 비행하고 있었는데, 교관이었던 기장은 문득 공부할 과제가 생각난 듯 수습 부기장에게 비행기가 납치되었을 때 해야 할 여러 가지 조치들을 가르쳐주기 시작했다.

비행기가 납치되었을 때의 비상 절차는 여러 가지가 있는데, 그 가운데 하나가 데이터 통신을 이용해 납치 사실을 보고하는 것이다. 그리고 여기에는 나름의 절차가 있다. 데이터 통신 전송장치의 단말기 화면을 보면, 여러 가지 선택 메뉴 가운데 테러리스트들이 알 수 없도록 암호화된 선택 메뉴가 있는데, 그날 기장은 교관으로서 수습 부기장에게 이것을 사용하는 방법을 친절하게 가르쳐주고 있었다. 몇 번에 걸쳐 메뉴를 선택한 뒤 비행기가 납치되었음을 알리는 최종 실행 단계에 이르자 과목 수업을 마치며 기장이 말했다.

"자, 이제 이거만 누르면 여기저기서 온통 난리가 나는 거야. 알겠지? 이제 취소하고 홈 메뉴로 돌아가자."

기장은 취소 키를 눌렀고, 단말기는 곧바로 홈 메뉴를 화면에 보여주었다. 그러고는 다시 순조로운 비행을 계속했다. 그러나 이들의 순수하고 무고한 비행 연구는 상상도 못할 기가 막힌 해프닝으로 번져가고 있었다.

당시 뉴욕에서는 이미 세계무역센터가 테러 공격을 받은 상태였고, 백악관은 전쟁을 방불케 하는 최고 수준의 비상 대응을 명령한 상황이었다. 미국의 모든 비행 공역은 곧바로 봉쇄되었고, 미국으로 향하거나 미국 공역 내에 있는 비행기들은 모두 돌아가거나 비상착륙 해야 하는 상황이었다.

미국의 항공관제센터들은 공역 내 모든 비행기들을 지상으로 비상착륙 시키고 있었으며, 경찰과 첩보 기관은 모든 채널을 통해 추가 비행기 납치 가능성에 대한 정보를 모으고 있었다.

이러한 광란에 가까운 첩보 활동은 뉴욕을 향해 날아가고 있던 대한항공 OOO편 점보기도 예의주시하게 했다. 그런데 놀랍게도 교관과 학생이 함께 조작했던 그 데이터 통신 단말기는 테러가 벌어진 뒤부터 미 정보국이 내내 감시하고 있었다.

비행 중 각종 메시지를 주고받고, 필요한 자료를 다운·업로드 할 수 있는 데이터 통신 장치는, 상용 항공 통신사의 무선과 위성 통신망을 통해 서비스를 받는다. 하지만 이들의 통신망을 모두 장악한 미 정보국은 단말기의 모든 사용 기록을 추적하며 승무원들이 선택했던 메뉴와 입력한 키 하나하나를 모두 감시하고 있었다. 따라서 기장과 수습 부기장이 단지 단말기 사용 방법만을 확인했을 뿐 실제로 납치되었다는 메시지를 보내지 않았는데도 미 정보국은 조종사들이 무슨 키를 눌렀는지 마저 샅샅이 추적해 이들 비행기의 납치를 의심하기 시작한 것이다.

비행기가 일본 관제 공역인 캄차카 반도 남쪽을 지나 미국 관제 공역인 앵커리지 비행정보구역에 들어서자, 앵커리지 센터의 항로 관제사는 대한항공 OOO편을 불러 비장한 목소리로 질문을 했다.

"대한항공 OOO편, 너희는 현재 1234 상황인가?"

뜻밖의 질문에 승무원들은 어리둥절해졌다. '1234'는 비행기가 납치되면 레이더 전송기에 입력하도록 약속된 네자리 비상 암호 코드를 뜻하는데, 실제 암호 코드는 이것과 다른 숫자로 이루어져 있다. 보안상 실제 코드 대신 1234라는 숫자를 사용했다.

"앵커리지 센터, 다시 말해 달라."

"다시 말하겠다. 대한항공 OOO편, 너희는 현재 코드 1234 상황인가?"

"아니다! 우리는 정상 상황이다. 음… 그런데 왜 그런 질문을 하는가?"

"대한항공 OOO, 너희를 캐나다 화이트홀스 공항에 착륙시키겠다. 잠시 현 항로를 유지하라."

도대체 무슨 일이 일어나고 있는 것인가? 화이트홀스는 또 도대체 어디란 말인가? 깜짝 놀란 수습 부기장이 무선 교신을 통해 다시 한 번 납치되지 않았음을 강조했다.

"앵커리지 센터, 무슨 소리냐? 우리 목적지는 뉴욕 JFK(존 에프케네디 공항)다. 우리는 정상 상황이다. 납치되지 않았다."

"현재 미국 공역은 모두 폐쇄되었다. 어떤 민간 비행기도 미국 영공으로 들어올 수 없으며, 공중에 떠 있는 모든 항공기는 곧바로 비상착륙 해야 한다."

얼마 전 회사에서 메시지로 알려준 그 사건 때문에 미국의 모든 영공이 폐쇄되었다는 말인가? 그렇다면 미국의 도시들을 향해 날아가는 모든 비행기들이 돌아가야 한다는 소린가?

"대한항공 OOO, 항로를 090 방향으로 틀어라. 그리고 레이더 트랜스폰더에 '1234'를 입력하라."

"앵커리지 센터, 알았다. 헤딩 090으로 선회한다. 그런데 다시 말한다. 우리는 납치되지 않았다. 1234 상황이 아니다."

"대한항공 OOO편, 시키는 대로 해라. 레이더 트랜스폰더를 1234로 설정하라."

"앵커리지, 다시 말하겠다. 우리는 1234 상황이 아니다!"

"대한항공 OOO편, 지시에 따르지 않으면 미 공군의 요격 절차를 따라야 할 것이다!"

이런! 이게 도대체 무슨 상황인가? 창밖으로 가끔씩 미 공군으로 보이는 F-15 이글 전투기가 지나갔다. 항로 관제사의 목소리는 단호하다 못해 이제는 위협적이었다. 평소 가끔씩 '안…뇽…하…세요'라며 어설픈 한국말로 친밀감을 드러내던 앵커리지 센터 관제사들은 이제 어디에도 없었다.

뭔가 아주 심각한 일이 벌어지고 있음을 깨닫고 승무원들은 이들이 내리는 지시를 무조건 따르기로 결정했다. 결국 레이더 트랜스폰더에도 '1234'를 입력했고, 앵커리지 센터의 지시에 따라 인적이 드문 캐나다 북서부에 있는 작은 마을인 화이트홀스를 향해 날아가기 시작했다.

대한항공 OOO편뿐만 아니라 태평양을 건너던 비행기들은 모두 자기 나라로 돌아가거나, 앵커리지와 페어뱅크스 또는 캐나다의 작은 공항으로 착륙했다. 미국은 이미 전쟁 상태였으며, 미국을 향해 다가오는 모든 비행기들이 그들의 적

©신지수

으로 간주되고 있었다.

민항기 조종사의 요구는 어떤 것도 받아들여지지 않았다. 그들은 오직 미국 관제사의 지시만을 따라야 했으며, 주위를 맴도는 F-15 이글 전투기들은 언제든 요격을 위해 가까이 다가올 준비가 되어 있었다.

대한항공 OOO편은 앵커리지를 향하던 또 한 대의 점보 747 화물기와 함께 화이트홀스에 비상착륙 하게 되었다. 그런데 대한항공 OOO편은 다른 비행기들과는 조금 다른 대접을 받았다. 앞서 말했던 데이터 통신 기록 추적을 근거로 대한항공 OOO편을 납치되었을 가능성이 있는 비행기로 판단했던 것이다. 따라서 관제사가 레이더 트랜스폰더 코드 '1234'를 입력하도록 지시했던 것이고, 화이트홀스에 비상착륙을 한 뒤에도 경찰들이 이 비행기에 대해 더 철저한 조사를 했던 것이다.

사실 데이터 통신 기록 추적 말고도 이 비행기의 목적지가 뉴욕이라는 점, 외국 국적 여객기이므로 테러리스트들이 미국 본토로 입국할 필요 없이(외국에서 탑승해) 직접 미국 주요 도시로 공격해올 수 있다는 점 때문에 미 정보국은 다른 비행기보다 대한항공 OOO편을 더 높은 수준의 테러 위험 비행기로 분류하고 있었다.

나중에 미국의 조사보고서를 통해 알려진 사실이지만, 더욱 기막힌 사실은 당시 앵커리지 센터 관제사가 대한항공 OOO편의 승무원들이 무선 교신 중 납치되었음을 뜻하는 비상 암구호를 조심스럽게 사용했다고 보고한 점이다. 역시 보안상 그 단어가 무엇인지는 말할 수 없다. 단지 말할 수 있는 것은 그것이 짧고 강한 악센트를 가진 단어라는 것인데, 물론 우리 승무원들은 그 단어를 사용할 이유도, 사용한 적도 없다.

짐작하건대, 우리나라 사람들의 영어 발음이 대체로 딱딱하고, 한글의 받침 때문에 파열음이 강한 악센트를 가졌다는 점을 감안하면 극도로 예민해져 있던 미국 관제사가 대화 중에 들은 것으로 오해할 수도 있을 법했다.

대한항공 OOO편이 화이트홀스 공항에 착륙했을 때는 이미 날이 밝아 해가 하늘 가운데 떠 있었다. 물론 테러가 발생한 미국 동부는 이미 오후가 되었다. 맑은 날씨 아래 화이트홀스 공항은 아담하다 못해 귀여워 보일 정도였다. 작은 여객터미널 건물 옥상에는 검고 둥근 헬멧을 쓴 경찰 특공대들이 마치 개미들처럼 빼곡히 자리 잡고 있었다.

공항 안에는 'FBI'라고 쓴 재킷을 입은 사람들이 바쁘게 움직이고 있었고, 바리게이트 너머에는 호기심에 찬 시민들이 모여 있었다. 간혹 카메라를 어깨에 둘러멘 사람들도 있었는데, 그 사이에는 금발 미녀가 마이크를 들고 열심히 화장을 고치고 있는 것도 눈에 들어왔다. 잘은 몰라도 아마 방송을 타고 있는 것 같았다. 모든 광경이 조종실에서 파노라마처럼 보였다. 손바닥처럼 작은 시골 공항에 전혀 어울리지 않는 육중한 점보 제트기의 모습은 마치 새로 출시된 레고 장난감 세트나, 소인국에 막 붙잡혀 온 걸리버의 모습을 떠올리게 했다.

시골 마을 사람들은 평생 한 번이나 볼 수 있을 법한 구경거리를 즐기기 위해 두 손에 맥주 한 병과 카메라를 각각 들고 있었다. 나중에 들은 이야기지만 점보747 비행기가 그 공항에 착륙한 것은 공항이 문을 연 뒤 두 번째였으며, 점보기 여러 대가 한꺼번에 내린 것은 처음 있는 일이었다고 한다.

관제사가 원하는 곳에 비행기를 세운 뒤 조종사들은 엔진 시동을 껐다. 그러고는 더 이상 무엇을 어떻게 해야 할지 모르고 있었다. 비행기를 세운 곳은 실제 주기장이 아닌 터미널로부터 약간 거리를 둔 곳이었다. 아마도 안전을 위한 조치인 것 같았다. 잠시 기다리고 있으니 스텝카가 비행기로 다가오는 것이 보였다. 그리고 곧 무선 교신으로 승무원들을 부르는 소리가 들렸다.

"모든 사람들은 기내에서 자리를 움직이지 말고 대기하라. 그리고 조종사는 왼쪽 첫 번째 문을 통해 밖으로 나와라."

"알겠다."

기장이 힘없이 대답을 했다. 이때 내 입사 동기인 부기장이 나서서 말했다.

"기장님, 제가 나가 보겠습니다."

"아니야, 내가 나가는 게 낫겠어."

기장이 좌석벨트를 풀며 말했다.

"아닙니다. 무슨 일이 있어도 기장은 자리를 지키고 계셔야죠. 그리고 제가 기장님보다 영어도 더 잘하거든요!"

부기장은 한 번 피식 웃어 보이며 걱정스러워 하는 동료들을 뒤로 한 채 조종실을 떠났다. 왼쪽 첫 번째 문을 열어 젖히자 눈부신 햇빛이 비행기 안으로 쏟아져 들어왔다. 손바닥으로 눈을 가렸지만 눈을 뜰 수 없을 정도였다. 이때 사무장이 걱정스런 얼굴로 부기장에게 말을 건넨다.

"조심하세요, 부기장님. 그리고 저들이 시키는 대로 다 하세요. 우리는 테러리스트가 아니잖아요?"

부기장은 사무장에게 고개를 끄덕여 보이고는 천천히 발을 떼어 바깥으로 나갔다. 햇살이 따가웠지만 뺨에 와 닿는 공기는 아직 차가웠다. 청사 옥상 위에 있던 경찰들은 만일의 사태에 대비해 수상한 유색인종 조종사를 향해 총을 쏠 준비를 갖추고 있었다. 총 구멍은 비행기에서 내려오는 부기장을 향해 있었고, 계속해서 그와 함께 천천히 움직이고 있었다.

그는 긴장하기 시작했다. 이런 광기 어린 상황에서 잘못하면 총에 맞을지 모른다는 공포심이 머릿속을 가득 채우기 시작했다. 다리는 후들거렸고 심장은 크게 뛰기 시작했다. 천천히, 아주 천천히 스텝카 계단을 타고 내려와 드디어 땅에

© 신지수

발을 디디고 섰다. 확성기를 통해 영어로 뭐라 외치는 소리가 들렸다. 주위를 둘러보니 청사 앞쪽에 설치된 저지선 뒤로 헬멧과 방탄조끼, 그리고 기관총으로 중무장한 경찰 특공대 한 명이 확성기를 입에 대고 소리치고 있었다. 정신이 멍해졌다.

'뭐라고 말하는 거지? 이거 뭔가 해야 하는데….'

긴장감이 극에 달하며 심장이 터질 것처럼 뛰기 시작했다.

"다시 말하겠다. 허리띠를 풀고 상의를 들어 올려 우리에게 보여라!"

아! 다행히 이 친구들이 다시 한 번 말을 해주었다. 긴장되어 미칠 것 같았지만 이제 그들이 하는 말이 또렷이 들리기 시작했다. 그는 천천히 시키는 대로 했다.

"뒤로 천~천히 돌아! 천~천히!"

역시 그들이 시키는 대로 돌아 보였다.

“됐다! 이제 손을 들고 앞으로 이곳까지 천천히 전진하라! 천천히!”

모두 시키는 대로 했으나 너무 긴장한 나머지 그도 모르게 상의를 들어 올렸던 손을 내리고 앞으로 걷기 시작했다. 그 때 갑자기 확성기를 가진 경찰이 크게 소리를 지른다.

“거기 멈춰! 머리 위로 손을 올려!”

부기장은 갑작스런 고함소리에 소스라치게 놀라며 두 손을 번쩍 들었다. 그리고 다시 한 번 걸음을 떼려 하는 순간, 너무나 긴장한 나머지 다리에 힘이 빠져 발을 접지르고 말았다.

다행히 넘어지지는 않았지만 왼쪽 구두가 벗겨져 버렸다. 그는 당황해 하며 주섬주섬 빠져 나온 왼발을 다시 구두에 넣고는, 자신도 모르게 들고 있던 팔을 내려 허리를 구부린 채 왼발 발꿈치에 두 손을 갖다 대고 말았다. 그 순간, 얼음처럼 차가운 공포가 엄청난 기세로 엄습해오는 것을 느꼈다.

“Freeze!”

"Freeze!"

"Freeze! Put your hands off! (꼼짝 마라! 손 떼라!)"

경찰들은 예상치 못한 동작에 그가 발목에 숨겨놓은 권총을 꺼내려 하는 것으로 오해하고 말았다. 이번에는 한 사람의 목소리가 아니었다. 여기저기서 동시 다발적으로 찢어지는 고함소리가 들려왔고 소총과 권총을 장전하는 소리가 한꺼번에 '철커덕'하고 쏟아져 나왔다. 부기장은 신발을 신지 못하고 무릎을 꿇은 채 두 손을 하늘 높이 번쩍 들었다. 머리는 무릎 속으로 깊숙이 처박았고 눈은 질끈 감았다.

'죽었구나…!'

가족들의 얼굴이 순식간에 스쳐 지나갔다.

그러나 다행히 상황은 곧 진정되었고, 확성기를 통해 처음 그에게 말을 걸었던 귀에 익은 목소리가 다시 들려왔다.

"너는 지시에 따라야 한다! 안 그러면 총을 쏠 수 있다. 다시 천~천히 손 들고 일어나라."

부기장은 놀란 가슴을 추스르고 경찰이 시키는 대로 다시 천천히 앞으로 전진했다. 저지선에 다다르자 경찰은 그의 몸을 수색했으며 무장하지 않았음을 확인한 뒤 조사를 위해 미국 FBI에게로 데려갔다.

OOO편이 납치되거나 테러에 가담하지 않았음이 밝혀지기까지는 오랜 시간이 걸리지 않았다. 극도로 예민해 있던 미국의 과도한 대응이었다는 것이 곧 밝혀졌다. 화가 나기도 했고 억울하기도 했지만 아무 일 없이 해프닝으로 끝난 만큼 미국을 이해할 수 있는 분위기가 되었다. 미국의 상징이자 심장이라 할 수 있는 뉴욕 한복판이 공격받아 수천 명의 무고한 시민이 목숨을 잃은 마당에, 사실 어느 누구도 감히 미국의 과잉대응에 대해 비난할 수 없는 분위기였다.

승객들은 FBI와 1대 1로 인터뷰를 모두 마칠 때까지 오랜 시간을 비행기에서 기다려야 했다. 그리하여 승객과 승무원들은 늦은 저녁이 되어서야 호텔로 들어가 짐을 풀 수 있었다. 그곳은 캐나다 땅이었지만 실제 수사는 모두 미국 FBI가 주관했고, OOO편에 이어 착륙한 대한항공 화물기를 포함해 또 다른 비행기들도 같은 식의 조사를 받았다. 조사가 끝난 뒤에도 승무원들과 승객들은 며칠 동안 더 호텔에 묵으며 지루한 시간을 보내야 했다. 미국 하늘이 다시 열려야 비행기와 함께 그곳을 떠날 수 있기 때문이었다.

몇몇 승객은 엉망이 되어 버린 여행 일정에 분노한 나머지 과격한 모습을 보이기도 했다. 그렇다고 중무장한 FBI에게 대들 수는 없는 노릇이고, 대신 대한항공 지상 직원들과 승무원들에게 불만을 드러내는 경우가 가끔 있었다. 하지만 대부분의 승객들은 상황이 상황인지라 체념하는 듯했다. 그저 기다리는 것 말고 다른 방법이 없었기 때문이다. 2,3일이 지나고 나서야 겨우 미국 하늘이 열렸고, OOO편은 다시 뉴욕으로 떠날 수 있었다.

당시 나는 안전보안실에 근무하고 있었는데 지금도 기억이 생생하다. 9월 12일 저녁 사건 발생 뒤, 다음날 출근하자 회사는 비상상황을 방불케 하는 모습이었다. 텔레비전 뉴스에서는 세계무역센터가 공격받는 모습과 주가가 곤두박질치는 주식시장 모습을 번갈아가며 끝없이 보여주었다. 출근하자마자 화이트홀스에 있던 이 글의 주인공 친구와 통화를 했다. 그는 무덤덤한 목소리로 일어난 일들을 천천히 설명해주었다. 나는 고생이 많다며 위로해주었고 나중에 서울에서 한잔하자는 약속을 하고는 전화를 끊었다.

그 친구와 통화한 지 몇 시간 뒤, 누군가 휴대폰으로 전화를 했다. 익숙하지 않은 번호였는데 받아보니 떨리는 여인의 목소리였다. 조금 전 통화한 입사 동기 부기장의 아내였다. 그녀는 남편이 죽을 뻔했다며 슬피 울었다. 나는 이제 모두 무사하다며 몇 분 동안 그녀를 위로해준 뒤 전화를 끊었다. 그녀의 떨리는 목소리가 마음 아팠지만 이제 모두가 무사한 마당에 남편에 대한 그녀의 사랑을 느낄 수 있어 반면 흐뭇한 생각이 들었다.

사건이 일어난 며칠 뒤 앵커리지에 비행을 갔다. 사뭇 달리진 관제사들의 목소리 톤과 입국 세관 직원들의 태도, 수치심을 느끼게 할 정도의 보안검색, 심지어 길거리 사람들의 눈초리마저도 우리를 불편하게 했다. 아시아권 조종사들은 아무 이유 없이, 그저 영어가 서툴고 피부색이 다르다는 이유만으로 적대적이고 의심 어린 눈초리를 견뎌야 했다.

당시 대한항공에도 아랍계 조종사들이 몇 명 있었는데, 아마 그들은 더 힘든 시간을 보내야 했을 것이다. 그리고 그들 가운데 많은 사람들이 자신의 이름을 바꾸거나 제3국의 국적을 얻기 위해 노력해야 했을 것이다. 9·11이 정말 많은 것들을 바꾸어 놓았다.

지금도 테러의 상처는 남아 있다. 이날을 시작으로 아프가니스탄과 이라크에서 연속적으로 전쟁이 일어났으며, 더 많은 사람들이 죽임을 당해야만 했다. 전쟁의 광기가 세상을 뒤덮었지만 그것으로 인해 고통 받는 많은 사람들이 과연 9·11 테러에 대한 정당한 대가를 치르고 있는 것인지 의구심이 생겼다.

비행기는 오늘날 인간 문명의 상징이자 인간 능력을 뽐내는 첨단 기술의 대표적인 산물이다. 하지만 역설적으로 보면 비행기는 인간 문명과 자연의 경계선 위에 놓여 있는 아슬아슬한 '중간 존재'이고, 따라서 인간과 자연을 연결해주는 중요한 연결고리이기도 하다. 비록 인간이 만들었지만 인간이 비행기를 사랑하고 존경해야 할 절대적인 이유가 여기에 있는 것이다.

나는 조종실에서 비행을 하면서 하루하루 자연과 가까워져 간다. 따스한 햇살을 받으면서, 그리고 피부를 맞대고 날면서…. 가끔은 악천후와 다투기도 하지만 이를 통해 오히려 나는 자연과의 신뢰를 돈독히 쌓아간다. 그러나 이제 조종실과 객실 사이에는 더 두껍고 무거운 철문이 설치되어 버렸다. 강화된 보안검색 절차로 비행기와 인간 사이에는 오히려 더 큰 벽이 쌓여 버렸다.

비행기는 인간의 것이다. 그리고 인간이 자연에게 한 발 더 다가설 수 있도록 도와주는 소중한 친구다. 자연은 이미 비행기와 그 안에 탄 인간을 따뜻하게 맞아주었는데도 인간의 욕심과 광기가 비행기와 사람 사이를 오히려 더 멀어지게 만들어 버렸다. 우리의 신뢰를 우리가 스스로 마구 부수어 버리고 있는 것이다.

인간은 절대 비행기를 사냥해서는 안 된다.
죽이기 위해 사냥해서는 더더욱 안 된다.
인간이 날기까지 얼마나 힘겨운 노력을 해왔는데….
얼마나 많은 희생이 있었고,

얼마나 훌륭한 정신이 깃들어 있는데….

비행은 위대한 자연이 허락한 숭고한 것이란 말이다.

벌써 10년이 넘어간다.

하지만 아직도 평화롭게 날지 못한다.

/06/

배달

Delivery

"다 잘될 것입니다.

여기 사랑을 전달하는

메신저가 있으니까 말이죠."

어릴 적 가끔 우편배달부가 멋진 직업이라고 생각했다. 때 묻은 우편주머니를 자전거에 매달고 고갯길을 달리는 모습도 낭만적으로 보였지만 우편물을 건네받는 사람들의 숨길 수 없는 환한 웃음이 너무나 순수하고 아름다워 보였기 때문이다. 그들이 건네주고 받는 것은 사랑이었고 우편배달부는 바로 사랑의 메신저였다.

나는 14년 동안 대한항공 조종사 생활을 해오면서, 그 가운데 5년이라는 짧지 않은 시간 동안 오직 화물기만 조종했다. 충분히 납득할 수 있는 사실이지만, 대개 조종사들이 여객기만 타다가 처음으로 화물기를 타면 무척 실망하게 마련이다. 운항을 하면서 단순히 서비스 쪽 관점에서 바라보면 화물 사업은 여객 사업에 비해 우선순위가 떨어지는 것으로 느껴진다. 따라서 화물기 쪽에서 일하는 직원들은 은연중에 자격지심이나 섭섭한 감정을 가지게 되는데, 화물기 조종사들이 가끔 농담 삼아 스스로를 '트럭 기사'라며 굳이 가만히 있는 여객기 조종사들을 '버스 기사'라고 빈정거리듯 부르는 것도 아마 그런 이유 때문일 것이다.

화물기 주변에는 아름다운 여승무원들이나 잘 차려입은 승객들 대신 다가가기 싫은 위험물들과 냄새 나는 동물들이 있다. 조종사들은 기내에서 스스로 음식을 만들어 먹어야 하며, 기내 필요 물품들과 서류들도 직접 챙겨야 한다.

대부분 복잡한 낮 시간을 피해 한산한 한밤중에 운항을 해야 하므로 철야 근무는 여객기 조종사들보다 더 잦다. 쾌적하고 세련된 기내 서비스, 호텔과 같은 안락한 분위기, 여승무원의 부드러운 웃음, 뭐 이런 것들에 익숙한 사람들은 아마 상상하기 힘들 것이다. 하지만 기왕 말이 나온 김에 어디 한번 머릿속으로 상상할 수 있도록 내가 도와주겠다.

여기는 화물터미널. 이리저리 바쁘게 움직이는 지게차들

사이로 행여 부딪힐까 주위를 둘러보며 조심스레 발을 뗀다. 건장한 일꾼들이 셔츠 자락으로 이마에 맺힌 땀을 닦을 때마다 가슴 가득한 문신들이 들락날락한다(외국에는 화물터미널에서 일하는 사람들 가운데 문신을 한 터프한 사나이들이 많다). 창고 한 구석에서는 휴식을 취하고 있는 일꾼들이 입에 담배를 문 채 지나가는 우리를 터프하게 째려본다.

시끄럽고 지저분한 물류창고를 지나 드디어 주기장에 들어서면 컴컴한 불빛 아래 외롭게 서 있는 비행기의 모습이

나타난다. 발판과 쇠파이프를 용접해 만든 무식한(?) 작업대를 타고 때 묻은 비행기에 오르다 보면 어느새 나도 때 묻은 유니폼을 입고 있다.

비닐 랩에 둘둘 싸인 종이 상자들이 팔레트에 놓여 있고, 그 위에는 덕지덕지 스티커들이 붙어 있다. 도대체 무엇을 실었는지 궁금하게 만드는 지독한 냄새가 코끝을 마사지한다. 튼튼한 트위드 헝겊 재질로 만든 우편 행랑은 도대체 원래 무슨 색깔이었는지 알 수 없을 정도로 때가 까맣다.

조종실에 짐을 놓은 뒤 먼저 넥타이부터 풀어 던지고 두 팔 소매를 걷어 젖힌다. 갤리(Galley : 항공기 내 주방)를 정리하면서 먹을거리들을 살펴보니 여느 때와 마찬가지로 조미료 맛 그윽한 해장국과 인스턴트 쌀밥(다음부터는 그냥 '햇반'이라고 부르겠다. 이거 뭐 공중파 방송도 아니고)이 실렸다. 커피를 끓이기 위해 포트를 꺼내보니 누군가 라면을 끓여 먹은 흔적이 아직도 남아 있다. '젠장…!'하고 욕을 하며 화장실에서 포트를 설거지한다. 기왕 손에 물을 묻힌 김에 화장실도 간단하게 청소한다.

승무원 벙커(2층 침대를 넣어 승무원이 쉴 수 있도록 마련한 좁은 공간)에 놓여 있는 담요는 아직 깨끗해 보여 그냥 한 번 더 쓰기로 한다. 매트는 걸레로 한 번 닦아주고, 마지막으로 쓰레기

봉투와 생수 두 병을 들고 조종실로 다시 들어간다. 컵도 필요 없다. 기장, 부기장 각자 생수 한 병씩 들고 병나발을 불면서 가면 된다. 화물기 비행 준비는 이렇게 시작된다. 아마도 국제선 여객기 조종사와는 사뭇 다른 모습일 것이다.

하지만 나는 어느 무엇보다 이 경험들을 소중하게 생각한다. 또한 그 경험들은 물건을 실어 나르는 일이 얼마나 멋지고 보람된 일인지 알게 해주었다. 왜냐하면 내가 실어 나른 물건들은 그냥 단순한 물건이 아니라 사람들의 사랑, 정열, 그리고 노력이 담긴 값진 보물들이었기 때문이다.

우리는 늘 사랑 가득한 편지와 소포들을 실어 날랐다. 해외 파병 나간 우리의 아들들에게는 위문품을 전해주었고, 재난을 당한 난민들에게는 구호물자를 전해주었다. 전시회에 전시할 소중한 예술작품들을 실어 날랐고, 수족관과 동물원으로 이사를 가는 물고기와 동물들을 날랐다. 우리나라 경제의 뿌리가 되는 자랑스러운 '메이드 인 코리아' 수출품들을 실어 날랐으며, 연구원들의 땀과 정성으로 만들어진 수출용 샘플들을 바이어에게 전해주었다.

그저 때 묻은 비행기로 보이지만 그 안에는 늘 사람들의 사랑과 정성이 가득 차 있었던 것이다. 마치 산타클로스의 선물 주머니처럼 말이다.

때는 그러니까 인천공항이 문을 열기 얼마 전이었으니까, 아마 2000년 말 또는 2001년 초였을 것이다. 나는 당시 MD-11이라는 화물기 부기장으로 근무하고 있었는데, 그날은 기장 두 명과 부기장 두 명으로 이루어진 이른바 2세트 편조에 포함되어 임무에 투입되었다.

비행은 로스앤젤레스 공항을 떠나 서울로 돌아오는 것이었는데, 도중에 샌프란시스코에 내려 화물을 더 실은 다음 다시 김포공항으로 가도록 계획되어 있었다. 그때만 해도 IMF의 영향 때문이었는지 수입 물량이 무척 줄어 있었는데, 그날도 서울로 돌아가는 화물기 안은 텅텅 비어 있었다.

그런데 로스앤젤레스 화물터미널에서 발견한 커다란 스티로폼은 나를 흥분하게 만들었다. 임무 교대 뒤 쉴 때 비닐과 함께 벙커에 깔면 그야말로 따뜻하고 푹신한 상태에서 깊은 잠을 잘 수 있을 것 같았기 때문이다. 벙커에 온도를 너무 올리면 숨 쉬기가 답답해지고, 온도를 낮춰 공기를 신선하게 하면 바닥에서 찬 기운이 올라온다. 그러니까 이것이야말로 모든 고민을 한 번에 해결해줄 수 있는 예상치 못한 '득템' 아니겠는가. (현재 대한항공이 운영하는 점보747 화물기는 훌륭한 휴식 시설을 갖추고 있다. 이에 비해 MD-11 화물기는 열악한 휴식 시설을 갖추고 있었는데, 대한항공은 현재 이 비행기를 더 이상 운영하지 않고 있다.)

로스앤젤레스를 떠난 비행기는 한 시간이 조금 넘는 짧은 비행 끝에 샌프란시스코에 도착했고, 약 두 시간 동안 샌프란시스코에 머물며 서울로 가져갈 화물들을 더 실었다. 탑재가 완료될 즈음 한 직원이 네모난 케이스 두 개를 양손에 들고 비행기에 올라왔다. 한 개는 헝겊으로 된 가방이었는데 덜 닫힌 지퍼 사이로 스티로폼으로 만든 네모난 박스가 보였다.

가방에는 '긴급(Urgent)'과 '취급주의(Handle with care)' 꼬리표가 붙어 있었는데, 직원이 출구 앞에 자리를 마련해 튼튼하게 매어 놓는 것으로 보아 뭔가 아주 중요한 물건인 듯했다. 가방에 붙은 서류를 보니 배송지는 강남 삼성병원 안과 병동으로 되어 있었고, 내용물을 표시하는 칸에는 'Live Human Eye(살아 있는 사람의 눈)'라고 매직으로 크게 쓰여 있었다. 깜짝 놀라 직원에게 물어보았다.

"이거 이식수술 하는 거예요?"

"잘 모르겠어요. 어쨌든 그냥 놔두시면 도착해서 앰뷸런스가 가져갈 거예요."

조금 섬뜩했다. 어쨌든 조심스럽게 '살아 있는 사람의 눈' 케이스 장착을 마친 그 직원은 또 다른 케이스를 손에 들고 다시 여기저기를 두리번거리며 마땅한 자리를 찾고 있었다. 그 상자는 한눈에 봐도 애완동물 우리라는 것을 알 수 있었다. 우리 안을 들여다보니 태어난 지 6개월에서 1년쯤 되어 보이는 비글(Beagle) 강아지 한 마리가 들어 있었는데, 이건 뭐 완전히 인형 같았다. 손가락을 문틈으로 넣으니 꼬리를 흔들며 정신없이 빨아댄다. 그러나 우리를 장착하던 그 직원은 내 행동을 별로 탐탁지 않게 여기는 것 같았다. 장착을 마치며 퉁명스럽게 이야기했다.

"물과 사료는 충분히 넣어두었으니 도착할 때까지 다시 줄 필요 없습니다. 음식은 절대 주지 마세요."

"열두 시간이나 가야 하는데 이거로는 너무 배고프지 않을까요?"

"이 정도면 충분해요. 혹시라도 아무거나 먹였다가 탈이라도 나면 우리가 책임져야 돼요."

"아… 예."

나도 집에서 강아지를 키우지만, 내가 보기에 강아지 우리에 넣어 준 물과 사료는 절대로 넉넉해 보이지 않았다. 한참 크는 녀석이라 많이 먹을 텐데…. 비행 중에 혹시라도 탈이 날까 사료를 조금만 준 것 같았다.

사실 나는 비행기에 동물을 싣는 것을 아주 좋아했다. 재미있기 때문이다. 냄새와 소리 때문에 싫어하는 조종사들이 많은데, 그래도 나는 이런 독특한 경험이 좋았다. 기왕 이야기를 꺼낸 김에 비행기에 싣는 동물들의 특성을 잠깐 이야기해보겠다.

내가 비행기에 실어본 동물 가운데 가장 힘든 녀석은 단연 돼지였다. 수십 마리의 돼지 떼는 우선 냄새가 대단하다. 비위가 약한 사람은 비행 내내 밥을 못 먹는 일도 있다. 그러나 더 참을 수 없는 고통은 울음소리다. 냄새만으로도 힘든데 장거리 비행 내내 죽겠다고 꽥꽥거리는 소리는 정말 사람을 돌아 버리게 만든다.

시끄러운 동물 가운데 또 다른 대표 선수는 닭이다. 수백 마리의 닭들은 비행 내내 울어댄다. 울음소리는 주로 '꼬꼬댁'과 '삐악삐악'이다. 닭들을 날라보면 언제나 도착 뒤 몇 마리가 죽어 있는데, 뜨고 내릴 때 압사를 당하거나 놀라 죽는다고 한다. 네 발 달린 짐승들에 비해 두 발밖에 없는 닭들은 아마도 중심을 잡고 안정적으로 서 있기 힘들 것이다. 날개 대신 손이 있으면 어디라도 잡을 수 있을 텐데 말이다. 닭과 마찬가지로 역시 두 발로 서 있어야 하는 타조들은 힘이 좋아 잘 죽지는 않지만 몸집이 커서 다리가 부러지는 경우가 종종 있다.

수억 원에 사고파는 종마들을 실어 나르는 경우도 많은데, 이들은 사람 부럽지 않은 융숭한 대접을 받는다. 특별히 제작된 전용 컨테이너에 모셔진 종마는 정말 크고 멋지다. 근육질 몸매를 뒤덮고 있는 털과 갈기 위로 윤기가 줄줄 흐른다. 종마를 실을 때는 수의사나 자격을 갖춘 말 전문가가 반드시 같이 타는데, 비행 중에도 쉬지 않고 말의 상태를 확인한다. 화물기에 이런 손님이 타면 보통 부기장이 이들에게 기내 서비스를 한다. 물론 서비스의 질은 보장할 수 없다. 손이나 씻고 밥을 차리면 그나마 다행이다.

그 밖에도 상어나 아나콘다 같은 수중동물들은 특별히 만든 수조에 '모셔서' 나르는데, 삼성동 코엑스에 있는 아쿠아리움이 새로 문을 열었을 때 한참 많이 실어 날랐다. 서울대공원과 에버랜드에 입양 되는 동물 친구들도 대부분 대한항공 화물기가 날랐다고 보면 된다. 간혹 예민하거나 위험한 동물들을 나를 때는 마취를 시키거나 진정제를 투여하기도 하는데, 그래도 맹수를 뒤에 실으면 조종사들은 긴장하기 마련이다.

무엇보다 탑재를 마치고 비행기의 모든 문이 닫히고 나면 긴장감은 더욱 높아진다. 어두운 화물칸 멀리서 들려오는 맹수의 울음은 음향효과도 만점이다. 메아리까지 치니 말이다. 호랑이를 실어 날랐던 한 선배 조종사는 비행 중 뒤에서 호랑이가 한 번씩 포효를 할 때마다 그동안의 죄를 뉘우치고 앞으로 착하게 살기로 마음을 다잡았다고 한다.

그런가 하면 동물들이 우리를 부수고 나온 적도 있다. 다행히 맹수가 아닌 돼지들이었는데, 아마 그 사실을 모른 채 도착 뒤 화물칸 문을 열었나 보다. 한꺼번에 수많은 돼지들이 비행기 밖으로 뛰쳐나와 직원들이 주기장 안에서 돼지 잡느라 고생 좀 했다고 한다.

어쨌든 그날은 보통의 화물 말고도 냉동 보관된 살아 있는 사람의 눈과 귀여운 강아지 한 마리를 싣고 샌프란시스코를 떠났다. 비행 내내 강아지가 낑낑거리며 우는 소리를 들어야 했지만 그 말고 비행은 도착까지 모두 순조로웠다. 2세트의 기장과 부기장이 서로 돌아가면서 근무를 했는데, 김포공항에 도착했을 때 나는 이미 근무를 마치고 휴식을 취하고 있었다.

도착 시각은 항공 교통량이 많은 저녁 7시경이었는데 이상하게 착륙 뒤에도 비행기가 계속 공항 안을 방황하고 있는 것이 느껴졌다. 무슨 일인지 궁금해 조종실로 들어가 보았다. 그런데 조종실에서 본 김포공항의 모습은 완전 아비규환이었다. 공항은 온통 눈으로 하얗게 뒤덮여 있었고 시정도 썩 좋지 않았다.

출발하는 비행기들이 엉금엉금 움직이며 한 대씩 천천히 이륙을 하고 있었지만 조금 전까지만 해도 눈 때문에 아무도 이륙하지 못하고 있었던 것 같다. 두 개의 활주로 가운데 한 활주로는 제설 작업이 한창이라 이착륙이 중단되어 있었고, 나머지 활주로도 이착륙을 시작한 지 얼마 되지 않아 보였다. 무전 통신기에서는 계속해서 짜증 섞인 대화들이 오가고 있었다. 김포공항은 그날 갑작스러운 폭설로 교통 체증이 극에 달해 있었던 것이다.

우리는 운 좋게도 김포공항에 착륙은 했지만, 착륙 뒤 어디에도 갈 곳이 없었다. 김포공항 내 모든 주기장은 비행기로 가득 차 있었으며, 화물터미널에도 손님들을 태운 여객기들이 즐비하게 주기하고 있었다. 당시 김포공항의 항공 교통량이 포화상태에 이르렀기 때문에 인천 영종도에 새 공항을 건설하고 있는 중이었는데, 하늘은 이를 기다려주지 않고 무심하게도 김포공항에 눈 폭탄을 퍼부어 버린 것이다.

우리는 그저 하염없이 공항 안을 떠돌며 주기장에 빈자리가 생기기만을 기다려야 하는 상황이었다. 하지만 자리를 찾아 배회하는 우리에게 좀처럼 주기장은 배정되지 않았다. 사람이 타고 내려야 하는 여객기들에게 주기장을 우선적으로 배정하기 때문이었다. 우리는 그저 주기장을 서성대며 진로나 방해하는 불청객 신세가 되어 있었다. 김포공항의 지상관제사가 우리에게 주는 지시는 대개 이런 것들이었다.

"대한항공 2XX편, P5 유도로에서 대기하세요."

"대한항공 2XX편, 후방에 비행기가 푸쉬백 해야 합니다. 앞으로 좀 더 빼주세요."

"대한항공 2XX편, 항공기들 진로에 방해가 되니 아예 P4 유도로로 빠져 나와서 P유도로까지 한 바퀴 돌아 다시 그 자리로 오세요."

공항을 배회하기 시작한 지 1시간쯤 지났을까. 힘겨워 보이는 부기장에게 나는 임무 교대를 하자고 자청했다. 옆에서 휴식 중이던 기장도 임무 중인 기장에게 교대하자고 손을 내밀었다. 이렇게 다시 조종석에 앉은 나는 회사 무선통신을 통해 언제쯤 주기장이 비게 될지 물어보았다.

"글쎄요… 일단은 여객기들에게 우선적으로 파킹 스팟을 제공하고 있습니다. 계속 비행기들이 출발하고는 있지만 아직까지 자리를 못 받아 승객들이 내리지 못한 채 대기하는 비행기가 세 대 정도 남아 있습니다."

"그렇다면 그 세 대가 모두 주기하면 저희 차례가 되나요?"

"아니요, 아직도 비행기는 계속 도착하고 있습니다. 여객기들에게 우선 파킹 스팟을 제공할 것입니다. 화물기는 더 기다리셔야 합니다."

"그럼 언제까지 계속 이러고 있어야 할지 알 수도 없는 상황이네요?"

"네, 죄송하지만 그렇습니다. 어쨌든 최선을 다하겠습니다."

"뭐 하는 수 없죠, 화물보다는 승객들이 우선이죠. 기다리겠습니다."

이미 공중에서의 비행 임무는 모두 끝났고, 주기를 위해 기다리기만 하면 되는 것이니 사실 크게 부담은 없었다. 단지 이 지루함을 어떻게 견뎌낼지가 문제였다.

공항 안을 배회하는 것은 생각보다 길어졌다. 착륙한 지

무려 3시간이 지났지만 아직도 주기장을 배정받지 못했다. 다른 부기장이 나에게 다시 교대하자고 요청했다. 나는 임무를 교대한 뒤 갤리에 먹을 것이 남았는지 살펴보았다. 샌프란시스코에서 두 끼의 식사와 샐러드, 빵을 비롯해 사이드 메뉴를 넉넉하게 실었는데 어느새 음식이 실린 컨테이너는 텅텅 비어 있었다.

우리는 이미 로스앤젤레스와 샌프란시스코에서 4시간 정도를 비행기에서 보냈으며, 12시간 동안 태평양을 건너 날아온 뒤에도 김포공항에서 3시간 동안 비행기를 떠나지 못하고 있었다. 이미 19시간 동안 비행기 안에만 있는 것이다. 음식은 이미 다 떨어졌고 생수도 점점 동이 나고 있었다. 각자 배에서 들리는 꼬르륵 소리는 서로 경쟁하듯 볼륨을 키워가고 있었다.

혹시나 하고 갤리를 구석구석 뒤지던 중 도시락 모양의 컵라면과 햇반이 각각 두 개씩 발견된 것은 기적이었다. 누군가 '꼬불쳐놓고' 먹지 않은 것임에 틀림없었다. 언제 실린 것인지 도저히 알 수 없었지만 대충 유통기한을 확인하고 복용을 결정했다. (뭐 먹고 탈 나면 메디컬 비상을 선포하고 집에 갈 수도 있겠다.)

기분이 급전환되어 노래를 흥얼거리며 물을 끓이는데, 어디선가 낑낑대며 강아지 우는 소리가 들려왔다. 그제야 아뿔

싸 하는 생각이 뒤통수를 때렸다. 아! 강아지를 잊고 있었다. 그리고 그 옆에 '살아 있는 사람의 눈'도 까맣게 잊고 있었다.

"어! 이거 '눈'은 진짜 급한 것 같은데…. 누군가 정말 눈 빠지게 기다리고 있는 것 아닐까?"

나는 얼른 조종실로 들어가 회사 무선통신으로 통제센터를 불렀다.

"대한항공 김포, 여기 다시 2XX편입니다. 음, 잊어버리고 있었는데요, 저희 비행기에 이식수술을 기다리는 '라이브 휴먼 아이'가 실려 있습니다. 이거 얼른 삼성병원으로 가져 가야 할 것 같은데요."
"예? 아이가 있다고요? 누구 아이요?"
"아니요, 그 '아이'가 아니라 영어로 '아이'요. 그러니까 눈이요, 눈, 눈알!"
"아, 눈알이요? 예, 화물 쪽에 한번 알아보고 연락드리겠습니다."

'눈' 때문에 이렇게 고생하고 있는데, 그 와중에 잘하면

'눈' 때문에 일찍 집에 갈 수도 있겠다 싶었다. 그러나 잠시 뒤 통제센터로부터 실망스런 답변이 왔다.

"예, 병원 쪽에 알아보니 다행히 아직 시간이 괜찮다고 합니다. 조금만 기다려주세요. 화물기 중에서는 최우선으로 조치하겠습니다."

"이제 곧 커퓨 타임인데, 공항 문 닫으면 어떻게 하죠? 그때까지 주기 공간이 마련될 수 있을까요?(커퓨 타임은 야간 항공 운항 금지 시간으로 김포공항의 경우 밤 11시부터다.)"

"최선을 다하겠습니다. 기다려주세요."

은근히 기대했는데 조금 실망스러웠다. 하지만 기다리는 환자가 아직 눈이 빠질 만큼은 아니라고 하니 천만다행이라는 생각이 들었다. 조종사들이 모두 사이좋게 컵라면과 햇반을 나누어 먹는 동안 결국 나는 강아지 우리의 문을 열고 말았다.

우리 안으로 손을 넣자 강아지는 구석으로 깊숙이 물러나 납작 엎드렸다. 하지만 목을 쓰다듬으며 긁어주자 곧 경계를 풀고 손 위에 냉큼 안겼다. 우리 안의 물과 사료는 이미 바닥나 있었다. 비행하는 동안 그렇게 시끄럽게 울어대던 녀석이 이제는 있는지조차 잊어버릴 정도로 조용해진 이유가 있었다.

가슴에 강아지를 안고 목덜미를 긁어주자 꼬리를 방정맞게 흔들며 기어올랐고, 내 얼굴을 마구 핥으며 가끔씩 짖어대기도 했다. 강아지의 목덜미에는 목걸이가 매어져 있었는데 거기에 매달린 작은 동전같이 생긴 이름표에는 '루키'라는 이름이 새겨져 있었다.

"너 루키구나! 안녕 루키야, 너 한국말 아니? 이거 영어로 해야 하나? 하이, 루키!"

잠깐 동안 고민스러웠지만 나는 출발 당시 직원의 경고를 무시하기로 했다. 생수를 종이컵에 담아 루키의 입에 가져가자 루키는 정신없이 핥아먹기 시작했다. 햇반 덩어리와 빵부스러기를 손에 담아주자 순식간에 먹어 치워 버렸다. 라면은 어린 강아지에게 너무 자극적일 것 같아 약간의 면발만 물에 깨끗이 씻어 주었다. 이제 배가 좀 불러졌는지 루키는 갤리 주변을 킁킁거리며 돌아다녔다.

© 신지수

어김없이 여기저기 약간의 방뇨도 서슴지 않았다. 나는 종이 수건을 들고 따라다니며 한참을 루키와 놀았다. 기장이 농담으로 한마디 한다.

"이 녀석 우리 도시락으로 실어준 것 아니었어? 이제는 정들어서 안 되겠네…."

누구에게 보내는 애완견인지 모르지만 이제는 정말 정들어서 안 되겠다. 착륙한 지 4시간이 되었다. 밤 11시 커퓨 타임이 되자 분주했던 공항은 마치 시간이 멈춘 것처럼 그 기능을 모두 멈추어 버렸다. 그때까지 출발하지 못한 비행기들은 모두 다음날 아침 시간으로 출발이 늦춰졌다. 그제야 우리를 부르는 반가운 목소리가 라디오를 통해 들려왔다.

"대한항공 2XX편, 수고 많았습니다. P유도로 남쪽 가장 끝쪽에 주기하세요."

"예? 주기장이 아니라 그냥 유도로에 세우라고요?"

"네, 파킹 스팟은 아직 빈 곳이 없습니다. 이제 이착륙하는 비행기가 없으니 그냥 유도로에 세우면 됩니다."

"네, 알겠습니다. 수고 많으셨습니다."

우리는 비행기를 이동시켜 P유도로 위에 주기를 했다. 작업대가 도착했고 비행기 출입구 문이 열렸다. 정비사와 함께 화물 직원이 가장 먼저 올라왔다.

“눈 먼저 가져 갑니다.”
“정말 괜찮은 거예요? 급한 물건일 텐데….”
“이제 바로 병원으로 가면 됩니다. 수고하세요!”

비행기 아래에는 앰뷸런스가 파란 불을 반짝이며 대기하고 있었다. 짐을 싸서 비행기를 나서는데 루키가 우리 안에서 낑낑대고 있었다.

‘이런… 정말 정들어 버렸네.’

마지막으로 우리 안에 손가락을 넣어 루키를 쓰다듬어 주었다. 루키는 꼬리를 흔들며 손가락을 핥다가 이제는 이별을 아는지 갑자기 큰 소리로 컹컹 하고 두 번 짖어 보였다. 왠지 늠름해 보였다.

‘그래, 우리에게는 비밀이 있지….’

오늘의 딜리버리(Delivery)는 이렇게 완수되었다. 이식수술을 위해 태평양을 날아온 '눈' 말고 이 밤중에 서두를 것은 아무것도 없었다. 편지들은 우편사무실로 옮겨졌고, 화물들은 세관 통관을 마치면 내일이나 모레 즈음엔 주인에게 전해질 것이다.

루키는 검역을 위해 아마 며칠 동안 공항 검역소에서 지내야 할 것 같다. 걱정은 되었지만 예쁜 녀석이니 따뜻한 곳에서 배불리 먹고 잘 보살핌을 받을 것이다. 루키의 주인은 어떤 사람일까? 외국까지 함께 데려갈 정도라면 정말로 루키를 사랑하는 사람일 것이다. 그렇다면 루키도 무척 행복한 강아지일 것이다.

밤새 이식수술을 할 'Live Human Eye'의 새 주인은 어떤 사람일까? 과연 어떤 모습으로 새로운 세상을 보게 될까? 수술하는 동안 아마도 그의 가족들은 마음 졸이며 밤새 잠을 못 이루겠지. 하지만 그 사람은 분명 눈부시게 아름다운 세상을 다시 볼 수 있을 것이다.

'다 잘되었구나. 그래, 모두 다 잘될 거야….'

마음 가득 뿌듯함을 안고 집으로 향하는 나는 더 이상 배도 고프지 않았다.

그리운 사람이 있습니까?
사랑하는 사람이 있나요?
그 사람에게 내 마음을 보여주고 싶지 않은가요?
지금 편지를 쓰세요.
선물을 골라보세요.
그리고 마음속 '그것'을 조심스럽게 꺼내 담아보세요.
행여 '그것'이 다칠까 걱정되나요?
아니요, 다 잘될 것입니다.
여기, 열심히 사랑을 전달하는
메신저들이 있으니까 말이죠.

/07/

위기

Crisis

"그렇기 때문에 비행은 아름답다.

그렇기 때문에 내 직업이 자랑스럽다."

늦은 오전, 창밖에는 비가 부슬부슬 오고 있다. 비 탓인지 인천까지 가는 길은 더디기만 하다. 오랜만에 직접 운전하며 출근을 하는데, 오랜만에 고속도로에서 속도 좀 내보려던 계획은 물거품으로 돌아갔다. 꼬리를 물고 서 있는 자동차들의 붉은 정지등이 눈을 피곤하게 한다. 나는 비행을 나갈 때마다 즐거운 마음으로 집을 나서는 편인데 오늘은 별로 즐겁지가 않다. 비까지 부슬부슬 내리니 그저 빨리 일을 끝내고 집에 가는 길에 맥주나 한잔 마셨으면 좋겠다는 생각이 들었다.

인천에 도착해보니 부기장은 일찌감치 브리핑실에 와 있다. 서로 가볍게 인사를 한 뒤 오늘 비행을 위한 차트들을 함께 챙겼다. 브리핑이 끝난 뒤에는 간단하게 점심 식사를 했다. 난 짬뽕을 시켰지만 입맛이 없어 반을 남겼다. 부기장은 자장면을 먹었지만 역시나 맛있게 먹는 것 같지는 않았다.

비행이 시작되었다. 인천과 후쿠오카를 오가는 짧은 비행이었다. 비행 시간은 후쿠오카까지 55분이 걸릴 것으로 계획되어 있었다. 비행을 마치고 집에 갈 때는 퇴근 정체 시간에 제대로 걸릴 것 같다. 비는 오지만 그래도 오늘 차를 가져오는 것이 아니었다.

순식간에 탑승이 끝나고 게이트에서 브리지가 떨어져 나갔다. 곧이어 푸쉬백을 실시하며 엔진 시동을 걸었다. 엔진이 새것인지 시동이 힘차게 걸린다. 택시(Taxi : 비행기가 지상에서 스스로의 힘으로 이동하는 것)를 시작하며 최신 기상을 다시 한 번 체크해보니 역시 날씨가 좋지 않다. 구름 높이는 300피트로 무척 낮고, 측풍이 30노트(초속 15미터 정도)로 불고 있었다.

비가 약하게 계속 내리고 있었지만 인천공항 배수 시설은 아주 뛰어나 활주로 노면 상태는 좋은 편이었다. 이륙을 위해 활주로에 똑바로 서자, 관제탑에서 이륙 허가와 함께 돌풍 경고를 준다.

"Korean Air 787, cleared for take off. Use Caution, windshear has been reported by Boeing 777, during take off when passing 2000 feet. (대한항공 787편, 이륙을 허가한다. 돌풍을 조심하라. 보잉777 비행기로부터 이륙 중 2천 피트 통과 시 돌풍이 발생했음을 보고받았다.)"

"Roger, thank you sir. Cleared for take off! (알았다, 고맙다. 이륙을 허가 받았다!)"

이륙 허가를 받은 뒤 부기장에게 말했다.

"돌풍이라…기류가 안 좋은가 봐요. 머릿속으로 돌풍 시 따라야 할 절차를 미리 생각해두세요."

"알겠습니다, 기장님."

나는 부기장에게 만약의 상황에 대비하도록 당부하며 추

력 레버를 밀어 넣었다. 비행기가 조금씩 속도를 내어 달리기 시작하자 동체가 좌우로 휘청대기 시작했다. 바람이 생각보다 무척 거칠었다. 이륙 활주 속도가 점점 빨라지고, 중요한 스피드에 도달할 때마다 부기장이 콜-아웃을 해준다.

"100노트!"

"브이 원! (V1 : 이륙 결심속도로, 이 속도를 넘으면 이륙을 중단해선 안 된다.)"

"로테이트! (Rotate : 조종간을 당겨 비행기를 뜨게 하는 것)"

조종간을 천천히 들어 올렸다. 이런! 비행기가 힘차게 뜨지 못한다. 기류가 위에서 아래쪽으로 내리 누르고 있나 보다. 비행기가 힘에 부치는 듯 용을 쓰며 겨우겨우 바람을 뚫고 완만하게 올라간다. 힘겹게 100피트 정도를 지나고 이윽고 랜딩기어를 올리려는 순간, 비행기의 돌풍 경보장치가 돌풍을 감지하고 요란하게 경보를 울린다.

🔊 Windshear! Windshear! (돌풍! 돌풍!)

곧바로 최고 출력으로 추력 레버를 올리며 크게 외쳤다.

“Windshear! TOGA! (돌풍이다! 엔진 최고 출력!)”

비행기가 좀처럼 상승하지 못한다. 오히려 100피트에서 천천히 강하를 한다. 잘못하면 땅에 닿겠다! 나는 기수를 더 들어 올렸다. 그러자 한 템포 뒤늦게 최고 출력의 효과가 나타나며 다시 완만히 상승하기 시작한다.

200피트, 400피트, 1천 피트…. 점차 비행기는 안정된 고도로 상승하기 시작했고 돌풍 경보도 사라졌다. 아직까지 휘청거리고 있었지만 비행기는 빠르게 돌풍을 벗어나고 있었다. 비행기가 안정되자 랜딩기어를 올리고 자동조종장치인 오토파일럿을 걸었다. 그러고는 한숨을 내쉬었다.

“휴~ 이거 장난이 아닌데!”

“기장님 60피트까지 밀려 떨어졌어요. 얼마나 놀랐는지…. 나 원 참, 이렇게 저고도에서 저 정도 강한 돌풍이 불 수 있다니 믿어지지 않네요.”

한숨을 돌리는 것도 잠깐, 내비게이션 화면에 다른 비행기가 아주 빠른 속도로 우리 비행기를 향해 가까이 다가오는 것이 보였다.

"어, 어… 이거 계속 이쪽으로 온다!"

"5마일 안쪽으로 들어왔습니다."

바깥은 아직 구름 속이라 아무것도 보이지 않았지만 똑똑한 공중 충돌 방지 장치가 다가오는 비행기의 항적을 감지해 내비게이션 화면상에 보여주고 있었다. 비행기가 코앞까지 다가오자 공중 충돌 방지 장치가 기계 목소리로 요란하게 경보를 발령하며 강하를 지시했다.

Descend! Descend! (강하하라! 강하하라!)

나는 곧바로 오토파일럿을 끄고 수동 조종으로 전환했다. 공중 충돌 방지 장치가 지시해주는 적정 강하율에 따라 기수를 낮추어 항공기를 강하시키자 다가오던 비행기는 우리보다 100~200피트 위를 스쳐 지나갔다. 아슬아슬한 순간이었지만 비행기에 장착된 공중 충돌 방지 장치는 멋지게 제 몫을 해냈다. 첨단기술이 좋긴 좋다. 이런 것 없던 시절에는 도대체 어떻게 비행을 했을까? 우리 비행기의 회피 기동을 레이더로 발견한 관제사가 잠시 뒤 우리를 불러 말했다.

"대한항공 787편, 미안합니다. 레이더에 다가오는 비행기 항적을 미처 보지 못했습니다. 기수를 090으로 돌리고 잠시 3천 피트로 강하하세요. 지금 비행기들이 많아 잠시 저고도로 비행해주셔야 되겠습니다."

"네, 대한항공 787편, 기수 방향 090도, 3천 피트로 강하합니다."

이렇게 낮은 고도까지 다시 강하하라니 마음에 안 들었지만 일단 관제사가 시키는 대로 비행을 했다. 그런데 문득 이상한 생각이 나서 부기장에게 말했다.

"어? 이대로 동쪽으로 계속 가면 산이 있을 텐데…. 여기 최저 안전고도가 5,6천 피트는 충분히 되어 보이는데 3천 피트를 유지하라니 좀 이상하지 않아요? 관제사한테 기수 방향 좀 다시 확인해주세요."

"서울 출발관제소. 기수 방향이 090도에 3천 피트가 맞습니까?"

"대한항공 787편. 네, 090, 3천 피트가 맞습니다."

구름 속이라 아무것도 안 보였지만 이 방향으로 계속 비행하면 틀림없이 산이 있다. 기분이 몹시 불편했다. 결국 나는 관제사에게 앞쪽에 산이 있음을 상기시키고 기수 방향 변경을 요청하도록 부기장에게 지시했다. 부기장이 다시 무전기의 키를 잡는다.

"출발관제소, 여기는 대한항공 787편. 전방에 산이 있는 것 같습니다. 다시 한 번 확인 바랍니다. 안전을 위해 더 높은 고도나 다른 기수 방향을 주십시오."

"……"

이런! 대답이 없다. 다급한 마음으로 부기장이 다시 키를 잡으려는 순간, 비행기의 지상 충돌 경보장치가 음성 경보를 요란하게 울려댄다.

🔊 Terrain! Terrain! Pull up! Pull up! (지상이다! 지상이다! 당겨라! 당겨라!)

"어이쿠, 이런! 푸…푸…풀업! 토우가! (TOGA)"

깜짝 놀라 말까지 더듬는다. 곧바로 추력 레버를 최고 추력으로 밀어 넣고 조종간을 끝까지 뒤로 당기자 비행기는 급격히 기수를 들어 상승을 시작했다. 산과 가까워질수록 전파 고도계(전파를 아래로 발사해 지상과의 거리를 측정하는 계기)의 수치는 점점 줄어들었고 순간 구름이 걷히며 흐릿하게 땅이 보이기 시작했다. 그러나 급격히 기수를 당겨 상승을 시작한 비행기는 지상과 멀어지며 구름 속으로 다시 힘차게 뛰어들었다.

"서울 출발관제소, 지상 충돌 경보가 발령되어 급상승 했습니다."
"대한항공 787편, 미안합니다. 초보 관제사의 실수입니다. 3만 5천 피트까지 계속 상승하세요."

이제 한숨 돌리고 상승을 계속한다.

"휴~ 이거 장난 아닌데…."
"네, 기장님. 오늘 템포가 빨라요."

상황이 진정되었고, 천천히 순항 비행을 위한 고도를 향해 상승하고 있었다. 올라가는 동안 전기 계통에 간단한 이상이 생겨 조치했으나, 운항 교범을 확인해보니 비행에 큰 지장이 없는 결함임을 확인하고 목적지까지 비행을 계속하기로 결정했다.

그런데 3만 피트 정도를 지날 때였다. 갑자기 뒤쪽에서 요란한 굉음이 들리며 기체가 심하게 흔들렸다.

"쿵!!! 푸쉬~~"

"이거 뭐야??"

"화물칸 문이 열렸습니다!"

급격히 기내 여압이 떨어지며 객실 고도가 1만 피트(약 3천 미터)를 훌쩍 넘어 버렸다. 1만 피트가 넘는 고도로 올라가면 공기 밀도가 희박해 사람들은 저산소증에 걸리게 된다. 특히 3만 피트(약 9천 미터)와 같은 높은 고도에 노출되면 뇌로 공급되는 산소양이 절대 부족하게 되어 겨우 1,2분 만에 정신을 잃게 되고 목숨까지 위태로운 상황이 된다.

따라서 비행 내내 기내에 충분한 산소를 공급하기 위해서는 객실 내부를 고무풍선처럼 빵빵하게 만들어 공기 밀도를 높여야 하는데, 보통 3만 피트 이상으로 비행할 경우 실제 객실 내부는 해발 약 6천 피트(약 2천 미터) 정도의 기압을 유지하게 한다.

이와 같이 지속적으로 객실에 바람을 불어넣어 객실 기압을 유지하는 장치를 '객실 여압 장치'라고 하며, 여압이 잘 유지되기 위해서는 객실이 외부와 제대로 막혀 있어야 한다. 그런데 갑자기 화물칸 문이 열려 버렸으니 풍선에 구멍이 난 것과 같은 상황이 되어 버린 것이다.

기내 공기는 순식간에 모두 빠져나가 버렸고, 비행기는 더 이상 여압을 유지할 할 수 없는 상황이 되어 버렸다. 승객들은 3만 피트의 희박한 공기압에 노출되었으며, 되도록 빨리 안전한 높이까지 내려가지 않으면 목숨이 위험할 수도 있다. 나는 곧바로 산소마스크를 꺼내 쓰며 외쳤다.

"Emergency Descend! (비상 강하!)"

곧바로 추력을 줄이고 기수를 낮추어 급강하를 시작했다. 강하율을 높이기 위해 스피드 브레이크(Speed brake : 날개에 공기 저항을 증가시켜 속도를 줄이고 강하율을 높이는 장치)를 최대한 사용했다. 부기장은 승객들을 자리에 앉히기 위해 좌석벨트 사인을 여러 번 요란하게 울렸고, 급격한 자세 변화로 인한 엔진 꺼짐을 막기 위해 엔진 점화장치를 켰다.

또한 급강하 도중 주위의 비행기들과 부딪힐 위험에 빠지

© 신지수

지 않도록 곧바로 기수를 돌려 항로를 벗어났으며, 부기장은 비상상황임을 주위에 알리기 위해 비행기 외부의 모든 라이트를 밝게 켜고 무전기로 급강하 사실을 알렸다.

"Mayday! Mayday! Korean air 787 is executing emergency descent due to cabin decompression. Incheon control, let me down to the safe altitude! (메이데이! 메이데이! 대한항공 787편, 객실 여압 실패로 급강하 한다. 인천 관제소, 안전 고도까지 강하를 허가해 달라!)"

"Korean air 787, Roger! You are calling Mayday. You are cleared to 10000 feet and fly heading 180. (대한항공 787편, 비상선포 했음을 접수받았다. 1만 피트까지 강하를 허가한다. 그리고 기수를 180도 방향으로 돌려라.)"

관제소의 지시에 따라 고도와 기수 방향을 조종창에 입력했다. 객실에는 산소마스크 착용을 안내하는 비상 방송이 흘러나오고 있었다. 나는 부기장에게 체크리스트 수행을 지시했다.

"이캠 액션! (ECAM Action : 전자 체크리스트 실시!)"

부기장이 체크리스트에 따라 필요한 조작들을 하나하나 조심스레 수행했다. 그렇지만 이미 열려 버린 화물칸의 문은 다시 닫을 수 없는 노릇이었다. 일단은 안전한 고도인 1만 피트로 급강하 하는 것이 다른 어떤 일보다 우선이었다. 객실에 혹시 산소마스크가 떨어지지 않은 자리가 있을 수 있으므로 다시 한 번 수동 산소마스크 낙하 스위치를 눌렀다. 잘 훈련된 객실 승무원들이 승객들을 도와줄 것이니 지금쯤 승객들은 한 명도 빠짐없이 올바르게 산소마스크를 착용하고 있을 것이다.

체크리스트를 수행하는 동안 우리도 산소마스크를 낀 상태에서 대화를 해야 했다. 인터폰을 켜고 대화를 하다 보니 스피커에는 말하는 동안 계속 숨 가쁘게 산소를 호흡하는 소리가 새어 나왔다. 영화 스타워즈에서 악의 상징으로 나오는 '다스베이더'를 기억할 것이다. 그가 말할 때마다 검은 투구 사이로 새어 나오던 소름 돋는 숨소리를 기억하는가? 딱 그 소리가 났다.

부기장 얼굴을 슬쩍 쳐다보니 산소마스크를 쓴 얼굴이 다스베이더 못지않게 꽤나 섬뜩하다. 부기장은 평소 안경을 끼는 친구였는데 너무 급하게 썼는지 마스크 안에 안경이 삐뚤어져서 우스꽝스럽게 보였다. 꽤나 불편한지 계속해서 마스크를 만져대는데 머리 모양도, 마스크 속의 안경도 점점 엉망이 되어 간다. 하지만 내 모습도 부기장에 비해 심하면 심했지 낫지는 않았을 것이다.

숨 쉴 때마다 계속 고글에 입김이 서려 앞이 잘 안 보였다. 답답한 와중에 마스크 속 냄새가 고약해서 입으로만 숨을 쉬다 보니 계속 침과 콧물이 흘러 나왔다. 완전히 가스실에 들어간 맹구 같은 모습이다. 도착하면 다음 조종사를 위해 마스크를 깨끗이 닦아야 할 것 같다.

이윽고 1만 피트가 다가오자 강하율를 천천히 낮춰 부드럽게 수평비행으로 전환했다. 조금씩 속도를 줄이며 비행기가 정확히 1만 피트에 안착한 것을 확인한 뒤 부기장에게 산소마스크를 벗게 했다.

"다 벗었습니다. 이상 없습니다. 기장님도 벗으세요."

"오케이, 고마워."

좀 미안한 생각이 들었다. 부기장이 마스크를 벗은 뒤 죽지 않고 잘 살아 있는 것을 확인한 다음 내가 마스크를 벗도록 되어 있기 때문이다. 어쨌든 비상조치 체크리스트를 모두 마치고 안전한 상황이 되자 먼저 방송부터 했다.

"승객 여러분, 기장입니다. 갑작스러운 여압 상실로 급강하를 실시했습니다. 이제는 안전한 고도에 도달해 있으니 산소마스크를 벗으셔도 됩니다. 사무장은 객실이 정리되는 대로 피해 상황을 조종실로 보고해주세요."

잠시 뒤 '따리리' 하고 인터폰이 울렸다.

"기장님, 사무장입니다. 승객들은 모두 안전합니다. 한 부인이 쇼크로 상태가 좋지 않습니다만 그저 숨쉬기만 조금 곤란할 뿐이라 계속 산소마스크를 씌우고 있습니다. 곧 괜찮아질 것 같습니다. 그런데 이제 회항하는 건가요?"

"네, 기상 상황을 봐야 하겠지만 아마 가장 가까운 부산으로 가야 할 것 같습니다. 확실히 결정되면 다시 말씀드릴게요. 고맙습니다."

이어서 관제소에서 말을 걸어온다.

"대한항공 787편, 인천 항로 관제소입니다. 부산 기상 말씀드리겠습니다. 바람은 270 방향에 25노트, 구름 높이는 1천3백 피트, 시정은 2.5마일, 활주로 36L로 VOR 접근(비정밀 접근 착륙장치) 사용 중입니다. ILS(정밀 유도 착륙 시스템)는 현재까지 고장이며, 일단 수리는 마쳤지만 아직까지 테스트 중에 있습니다."

비행기 상태도 안 좋은데 기상이 좋지 않았다. 더구나 ILS가 고장이라니! VOR을 이용해서 비정밀 접근을 실시해야 할 것 같았다. VOR은 공항의 위치나 항로의 위치를 확인시켜 주기 위해 지상에 설치한 무선 항법 시설이다. ILS 접근 절차가 비행기를 활주로 중심으로 정확히 유도하는 것에 비해, VOR 접근은 공항 상공을 향해 대충 활주로를 바라보도록 비행기를 유도해준다. 따라서 VOR 접근과 같은 비정밀 접근은 시정이 좋지 않아 활주로가 잘 안 보일 경우 특히 착륙이 어렵다.

"제주 기상은 어떻습니까?"
"제주 공항은 폐쇄되었습니다."
"인천공항과 김포공항은요?"
"둘 다 내릴 수 없는 기상입니다."
"알겠습니다. 김해공항으로 가겠습니다."

분주하게 김해공항 VOR 접근 준비를 했다. 부기장이 FMS(Flight Management System : 비행 전반을 관리하는 컴퓨터)에 절차에 필요한 사항들을 입력하는 동안, 나는 접근 차트를 꺼내 보며 꼼꼼히 절차를 확인했다. 오랜만에 해보는 VOR 접근이지만 한 치의 실수도 용납되지 않는다.

접근을 시작했다. 비행기가 여압을 잃은 상태이므로 강하를 깊게 하면 승객들이 귀에 통증이 심할 것이다. 따라서 먼 거리에서 일찌감치 완만하게 강하를 시작했다. 접근을 위한 체크리스트를 마친 뒤 부기장이 VOR 접근 절차를 다시 한 번 상기시켜 준다.

"VOR로부터 14마일 지점을 3천5백 피트로 통과한 뒤, 다시 8마일 지점을 2천1백 피트까지 강하해 통과해야 합니다. 8마일이 지나면 최저 결심고도인 1천3백 피트까지 내려갈 수 있습니다."

"구름 높이가 1천3백 피트라고 그랬지?"

"네, 시정도 2.5마일이니 접근 시도는 가능하지만 그야말로 최저치입니다. 최악이군요."

"결심고도가 1천3백에, 구름 높이도 1천3백이라…. 활주로가 안 보일 수도 있겠네. 만일의 경우를 위해 고어라운드도

대비하도록 합시다."

"네, 알겠습니다."

보조날개와 랜딩기어를 차례로 내리고 착륙을 위해 천천히 속도를 줄였다. 8마일 지점을 지나자 이제 내려갈 수 있는 최저 고도인 1천3백 피트를 향해 마지막 강하를 시작했다. 1천3백 피트를 통과할 때까지 활주로가 보이지 않으면 착륙을 포기하고 다시 상승해야 한다. 1천4백 피트 지점을 지날 때 부기장이 고도를 상기시켜 준다.

"100 above minimum! (결심고도 100피트 전!)"

"Roger. (알겠다.)"

그러나 여전히 활주로가 보이지 않았다. 곧이어 결심고도를 알리는 경보가 울렸다.

🔊 Minimum!!

"에이, 안 보인다! Go Around!"

착륙을 포기하고 기수를 천천히 당기며 엔진 추력을 최대로 증가시켰다. 순간 비행기는 요란한 엔진음과 함께 휘청거리며 기수를 들기 시작했으나 육중한 비행기는 내려오던 관성 때문에 곧바로 상승하지 못하고 완만하게 포물선을 그리며 올라가기 시작했다.

"Positive climb! (상승 순조로움!)"

"Landing gears up! (랜딩기어를 넣어라!)"

안타까운 생각이 들었지만 활주로가 보이지 않는 상태에서 결심고도 아래로 계속 강하해 내려갈 수는 없는 노릇이다.

그때였다. 이상한 기운이 엔진 계기에서 느껴졌다. 랜딩기어가 다 들어갈 즈음 갑자기 요란한 경보음이 조종실을 뒤덮었다. 소스라치게 놀란 부기장이 말을 더듬으며 외쳤다.

"에… 에… 엔진에 화재 발생! 오른쪽 넘버2 엔진입니다!"

"알았어! Auto Pilot On! (자동조종장치 시작!)"

오른쪽 엔진에 불이 났다. 순간 정신이 혼미해졌지만 바로 정신을 차리고 부기장에게 체크리스트 수행을 지시했다. 시끄러운 경보음도 중단시켰다.

"이캠 액션! (전자 체크리스트 실시!)"

"Roger, ECAM Action! No.2 Engine Fire! (네, 전자 체크리스트 실시! 2번 엔진에 화재 발생!)"

엔진에 불이 나면 불을 끄기 위해 곧바로 엔진도 꺼야 한다. 부기장이 엔진 화재 대응절차를 체크리스트에 있는 대로 또박또박 읽어 내려간다.

"No.2 Engine Thrust Lever Idle! (2번 엔진 추력 레버를 최소로 줄인다!)"

나는 2번 엔진의 추력 레버를 줄이기 전에, 두 개의 레버 가운데 올바른 레버를 손으로 쥐었는지 부기장에게 확인해 줄 것을 요청했다. 이것은 혹시나 정상적으로 잘 돌아가고 있는 엔진을 실수로 끄는 일이 없도록 조심하기 위한 것이다.

"OK. Confirm No.2! (좋다. 2번 엔진이 맞는지 확인하라!)"

"Confirmed! (확인했다!)"

부기장이 확인해주자 2번 엔진의 추력 레버를 당겼다. 이어서 부기장이 체크리스트를 계속 읽는다.

"No.2 Engine master switch off! Confirm No.2! (2번 엔진의 주 엔진 스위치를 끈다! 2번 엔진인지 확인하라!)"

"Confirmed! (확인했다!)"

이번에는 부기장이 직접 2번 엔진 마스터 스위치를 손으로 잡았고, 나는 그것이 올바른 엔진임을 확인해주었다. 부기장이 스위치를 내려 끄자 드디어 엔진이 힘없이 멈추어 섰다. 곧이어 오른쪽 엔진의 추력을 잃은 비행기는 오른쪽으로 갸우뚱하고 기울어졌으며 상승률이 눈에 띄게 떨어졌다. 나는 전방에 있는 산을 피하기 위해 무전기로 관제사를 불렀다.

"Mayday! Korean air 787 Engine Fire! Request left turn toward south to avoid mountains! (비상이다! 대한항공 787편 엔진 화재가 발생했다. 전방의 산을 피하기 위해 남쪽을 향해 좌선회 할 것을 요청한다!)"

"Roger. Korean 787 left turn to heading 180 and maintain 3000 feet! Radar identified. (알았다. 787편 좌선회, 기수 방향을 180으로 하고 3천 피트를 유지하라! 너희들 항적을 레이더로 확인하였다.)"

관제사는 이어 착륙을 위한 정보를 다시 준다.

“현재 ILS 수리가 완료되어 ILS 접근이 가능하다. 기상 조건은 이전과 동일하다. 36L 활주로에 ILS 접근을 준비하라.”

“알았다. 고맙다.”

ILS가 살아났다니 반가운 소식이다. 하지만 일단 불부터 꺼야 한다. 좌선회 상승을 하면서 어느 정도 산악 지형을 벗어나자 속도를 높이기 위해 상승을 중단하고 수평비행을 유지했다. 속도가 조금씩 빨라지기 시작했다.

비행기는 언제나 적당히 빠른 속도를 유지해야만 안전하게 날 수 있다. 속도가 빨라지자 비행기의 움직임이 한결 가벼워졌다. 그 사이 부기장은 엔진의 불을 끄기 위해 체크리스트를 수행하고 있었는데, 불이 난 엔진과 연결된 모든 시스템들을 차단시킨 뒤 엔진 소화기에 손을 대면서 큰 소리로 외쳤다.

“기장님, 2번 엔진에 소화기를 터뜨리겠습니다. 컨펌 해주십시오!”

“좋다, 2번 엔진 소화기 확인했다! 소화기를 분사하라.”

부기장이 두 개의 소화기 가운데 첫 번째 소화기를 분사했다. 그리고 30여 초 동안 불이 꺼지길 기다렸다. 그러나 30초가 지나도 불은 꺼지지 않았고 이어서 망설임 없이 두 번째 소화기를 터뜨렸다.

"Agent No 2, Discharge! (두 번째 소화기 분사!)"

다시 30초가 다 되어갈 즈음 드디어 엔진의 불이 꺼졌다. 엔진 계기 여기저기에 시뻘겋게 번쩍이고 있던 엔진 화재 경고등들이 순식간에 사라졌다. 우리는 한숨을 쉬며 나머지 체크리스트 절차들을 하나하나 마무리해 나갔다.

"이번에는 ILS 접근이다. 마지막까지 힘을 내보자! 연료는 문제없지?"
"네, 문제없습니다. 아직 5천 파운드의 여유분이 있습니다."

접근을 시작했다. 측풍이 강하게 불었지만 기류는 조용한 편이었다. 관제사가 마지막으로 접근 허가를 내린다.

"Korean air 787, heading 020, maintain 3000 feet, cleared

for ILS 36L. (대한항공 787편, 기수 방향 020, 3천 피트를 유지하라. ILS 36L 접근을 허가한다.)"

"Roger. heading 020, 3000 feet, cleared for ILS 36L. (알았다. 기수 020, 고도 3천 피트, ILS 36L 접근을 허가받았다.)"

ILS 시그널을 따라 활주로를 향한 마지막 코스에 비행기를 정대시키는 순간 자동조종장치가 끊어지는 음성 경보음이 울린다.

🔊 Auto Pilot! Auto Pilot!

다시 자동조종장치를 켜보았으나 켜지지 않았다. 고장인 것 같았다. 고장 원인을 살펴볼 여유는 없었다. 아직 구름 속에 있었지만 그냥 수동으로 조종해 착륙하기로 했다.

"오케이, 매뉴얼 플라이트(Manual flight : 수동 조종) 한다. 바깥에 활주로 보이는지 잘 봐줘요!"

"알겠습니다!"

구름 속에서는 순전히 계기만 보고 비행하는, 이른바 '계기 비행'을 해야 한다. 창밖에는 아무것도 보이지 않기 때문이다. 자동조종장치를 사용하면 여러 가지 계기들과 창밖까지도 돌아가면서 스캔하기 쉽지만, 수동 조종을 하게 되면 계기에 더 많은 시선을 집중해야 하므로 바깥에 활주로가 보이는지 계속 지켜볼 수 없다. 따라서 부기장에게 창밖으로 활주로가 보이는지 봐줄 것을 당부한 것이다. 1천3백 피트를 지날 즈음 부기장이 큰 소리로 외쳤다.

"Runway in sight! (활주로가 보인다!)"
"OK! In sight! (오케이! 보인다!)"

이제 마지막 착륙이다. 오늘 힘들었다. 머리가 지끈지끈 아팠다. 하지만 아무리 수고를 많이 했고 어려운 고비를 잘 넘겨왔다 할지라도 마지막 착륙을 제대로 해내지 못하면 모든 것은 물거품이 된다. 누구에게 원망을 할 수도, 무엇을 탓할 수도 없다. 그저 지금 내가 해야 할 일은 오직 승객과 승무원들을 모두 안전하게 땅에 다시 설 수 있게 하는 것이다. 그것이 지금 내가 해야 하는 가장 당연한 일인 것이다.

마음이 무척 편했다. 심장은 뛰지도 않는 것 같았다. 오늘 부기장도 잘해주었고, 관제사도 잘 도와주었다. 승객들과 승무원들 모두 힘들었겠지만 지금은 나를 믿고 어서 땅으로 돌아가기만 기도하고 있다.

측풍 때문에 비행기가 자꾸 옆으로 밀려 나간다. 엔진 하나만으로 날다 보니 비행기는 계속 기우뚱거렸고, 살아남은 한 개의 엔진은 힘이 부치는지 마치 숨을 헐떡거리듯 추력이 들락날락했다. 드디어 활주로 위로 진입하자 경보장치가 고도를 알려준다.

🔊 50, 40, 30, 20!

조종간을 부드럽게 당기며 플레어(Flare : 착륙 조작)를 시작했다. 바람이 불어오는 쪽을 향해 틀어져 있던 기축선을 바로잡기 위해 오른발로 러더(Rudder : 수직 꼬리날개에 달려 있는 조종판을 움직여 기축선을 조종하는 장치)를 깊게 찼다. 강한 측풍이 왼쪽 날개를 들어 올리며 비행기를 밀어 붙이자 바람이 부는 쪽으로 날개를 숙이며 웅크려 버텨냈다.

"퉁!"

드디어 착륙했다. 곧바로 브레이크와 역추진 장치를 사용해 속도를 떨어뜨렸다. 부기장이 속도를 불러준다.

“80노트! 60노트!”

그런데 바로 그 순간, 뭔가 터지는 듯한 굉음이 나며 비행기가 앞으로 고꾸라지듯 기울어졌다.

“쾅! 쿠르르르르!!!”
“안돼! 아… 으…!”

노우즈 랜딩기어(Nose Landing Gear : 앞바퀴)가 부러져 내렸나 보다. 비행기가 요란한 충격과 함께 빙그르르 돌며 활주로를 벗어나 버린다. 무거운 비행기는 마치 음료수 캔처럼 이리저리 부딪히고 구겨지며 몇 번의 굉음과 함께 활주로 오른쪽 잔디밭에 고꾸라져 멈춰 섰다. 다행히 폭발하지는 않았다. 유리창 밖은 먼지에 뒤덮여 앞이 보이지 않았고 정신을 차릴 수 없었다. 무전기에서 다급한 소리로 우리를 부르는 소리가 들려왔다.

“대한항공 787편, 비행기 노우즈 부분과 오른쪽 엔진에 연기가 난다. 불길도 조금 보인다. 위험하다! 소방차를 곧바로 출동시키겠다. 응답하라, 787편!”

“김해 관제탑! 곧 탈출하겠다. 지상 지원을 요청한다!”

부기장이 무전기로 탈출할 것을 관제탑에 보고했고, 나는 곧바로 기내 방송용 인터폰을 입에 가져와 크게 외쳤다.

“Cabin crew at station! (승무원들, 자기 위치로!)”

이어서 부기장에게 비상탈출 체크리스트를 지시했다. 부기장은 급하게 체크리스트를 읽어 내려가며 엔진이나 전기장치처럼 화재나 폭발 위험이 있는 장비들을 모두 꺼 버렸다. 모든 절차를 마친 뒤 마지막으로 기내 방송으로 탈출을 지시하는 방송과 함께 탈출 경보를 울렸다.

“저는 기장입니다! 탈출하세요! 탈출하세요!”

심호흡을 하며 조종실에서 마지막으로 무엇을 해야 할지 생각해보았다. 우선 승객들의 탈출을 돕고… 정비기록 대장을 갖고 나가야 하고… 그리고 가족사진까지… 또 뭘 해야 하지? 마음이 비장함을 느꼈지만 아직 평정심을 잃지는 않았다. 그때, 마침내 반가운 소리가 뒤에서 들려온다.

"잘했습니다, 캡틴 신. 심사는 여기까지! 15분 동안 휴식합시다!"

모의 비행훈련 심사 교관의 목소리였다. 부기장이 이어서 인사했다.

"고생하셨습니다. 오늘 실감나는데요!"
"잘 도와줘서 고마워."

교관이 자리를 정리하면서 다시 말했다.

"캡틴 신, 잘했고요 특별히 지적할 사항은 없지만 나중에 디브리핑(Debriefing : 훈련 결과를 검토하고 피드백 하는 자리) 시간에 몇 가지 조작에 대해 함께 논의해보도록 하죠. 휴식 뒤에는 부기장님이 비행할 차례입니다. 부기장님 심사하고 나면 최대 측풍 이착륙 연습도 좀 할 겁니다. 건투를 빕니다."
"알겠습니다, 교관님!"

CAE
© 신지수

두 시간여 동안 계속된 모의 비행 심사가 순식간에 지나갔다. 마음이 한결 가벼워졌다. 비행도 생각보다 흥미진진하게 진행되었다. 잠시 쉬고 난 뒤 부기장까지 심사를 잘 마치면 우리는 6개월 동안 조종사로서 생명을 연장하게 된다. 입술이 마르고 갈증이 났다. 빨리 끝내고 맥주 마시러 가고 싶은 생각이 굴뚝같았다.

Epilogue >>>

그렇기 때문에 비행은 아름답다

실제로 이런 비상상황이 한꺼번에 일어나기란 불가능에 가깝다. 행여 꿈속에서라도 만나지 말아야 한다. 그리고 만에 하나 진짜 이런 일이 일어난다 하더라도 비행기와 승객들을 안전하게 살려낼 수 있도록 조종사들은 이렇게 훈련을 받고 있다.

대한항공 조종사들은 1년에 두 번, 3일 코스로 모의 비행훈련을 받는다. 하루는 학술교육이고 이틀은 흔히 시뮬레이터라고 하는 모의 비행훈련인데, 이 가운데 마지막 날 모의 비행훈련이 심사다. 이 심사에 통과하지 못하면 조종사 임무를 계속할 수 없다.

앞에서 보았듯이 훈련은 모두 비정상이나 비상 훈련이다. 아무리 유능한 조종사라 할지라도 쉽게 여겼다가는 큰코다칠 수 있다. 따라서 모의 비행훈련은 조종사들에게 있어 가상현실에서 비상상황을 경험할 수 있는 긴장감 넘치는 도전이자 값진 기회다.

비행기 조종을 잘 모르는 사람들은 간혹 운송용 대형 제트기 조종이 마치 자동차를 몰고 장보러 다니듯 숙달만 되면 단순하고 쉬운 것처럼 오해하는 사람들이 있다. 하지만 그것은 절대 아니다. 물론 매번 죽을 고비를 넘겨가면서 겨우겨우 어렵게 비행하는 것은 아니다.

다만 말하고 싶은 것은, 조종사들이 최고의 안전한 비행을 위해 언제나 최고의 노력을 한다는 것이다. 그리고 인간이 비행한다는 것 자체가 무척 위험한 발상이자 행위인 만큼 아무리 비행기가 좋고 운용시스템이 완벽해 보인다 할지라도 최고의 안전을 유지하는 것은 말처럼 결코 쉬운 일이 아니라는 사실이다. 이를 위해서는 모든 상황과 조건이 절대적으로 조종사의 통제 아래 있어야 하며, 어떤 일이 있어도 그것은 지속적이고 완벽하게 이루어져야만 한다.

승객 안전에 대한 책임감, 캡틴이라는 이름이 새겨주는 사명감, 가족과 동료에 대한 사랑, 그리고 무엇보다 비행기에 대한 무한한 신뢰와 애정이 비행을 할 때마다 최선을 다하도록 힘을 실어준다.

그렇기 때문에 비행은 늘 아름답다.

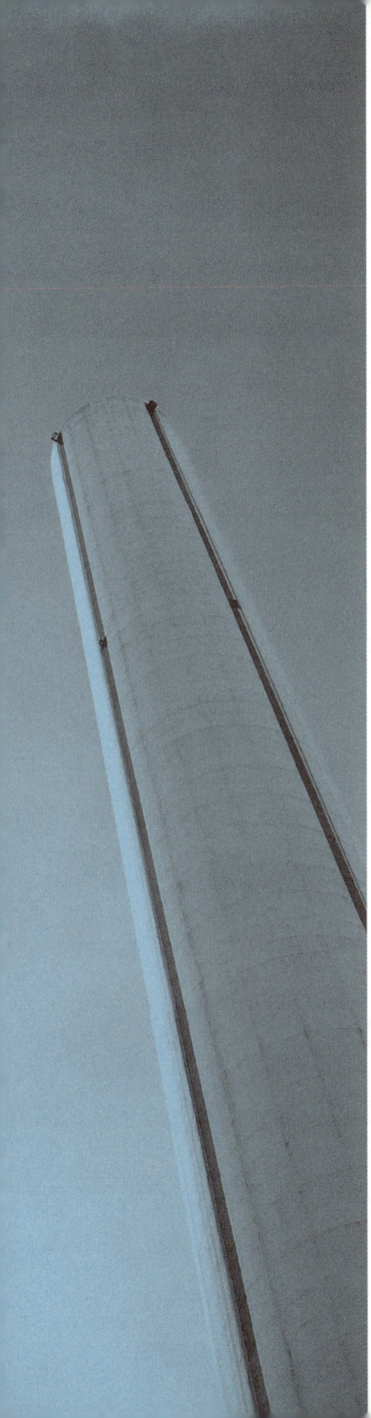

/07/

고 통

Pain

"고통은 적이 아니다.

나에게 외치는 나의 울림이다."

며칠 전 내가 사는 아파트에서 한 중년 부인이 뛰어내려 스스로 목숨을 끊었다. 나는 이야기만 들었지만 아내는 현장 근처에서 부인의 시신을 보고 말았다. 아내는 그 충격으로 며칠 동안 잠을 제대로 자지 못했다. 사건은 아침 출근 시간과 등교 시간이 지난 오전 9시쯤 일어났고, 유치원 버스를 기다리는 아이들과 엄마들만이 한가롭게 아파트 주차장을 서성이고 있을 때였다. 구름 한 점 없는 맑디맑은 초여름 날, 비극적인 사건은 허무하게도 너무나 순식간에 일어나 버리고 말았다.

"엄마! 엄마!! 엄마!!! 제발 눈 좀 떠보세요!"

선혈이 낭자한 시신을 끌어안고 흔들어대는 딸아이는 고등학생 정도로 보였고, 눈에 익은 인근 학교의 교복을 입고 있었다.

"으어어!!! 우어어어!!!"

곧이어 중년 남자의 알아들을 수 없는 울부짖는 소리가 들려왔고, 한눈에도 그가 죽은 부인의 남편임을 알 수 있었다. 무슨 까닭인지 모르지만 남편도 딸아이도 늦은 시간인데 아직 출근과 등교를 하지 않고 있었다. 싸늘한 부인의 시신을 눈앞에 둔 채, 남편과 딸아이는 몸 안에 있던 모든 슬픔과 고통을 목청이 찢어지도록 토해내고 있었다. 그 울부짖음이 얼마나 처절하고 고통스러웠는지, 바라보는 사람들의 마음마저 가슴 섬뜩하게 옥죄고 있었다.

이유가 무엇일까는 그리 궁금하지 않았다. 중년의 아내와 남편, 그리고 아버지와 어머니로서 사는 것이 때때로 얼마나 고통스러운 것인지 잘 알기에, 그저 각자 목구멍까지 쌓인 슬픔과 고통이 행여 넘쳐 올라오지 못하도록 크게 한 번 침을 삼켜 눌러볼 뿐이다. 마음이 얼마나 아팠으면 상처가 아물지 못하고 터져 버리고 말았을까? 따스한 온기가 필요했던 것일까? 그래서 하필 이런 따스한 봄날 속으로 몸을 던져 버린 것일까?

잠시 뒤 119 구급차가 도착했고, 피범벅이 되어 버린 부인의 육신을 싣고는 순식간에 어디론가 떠나 버렸다. 경찰도 곧 도착했다. 경찰의 현장조사가 눈 깜짝할 사이 마무리되자, 마치 들키면 큰일이라도 날 듯, 서둘러 경비원들이 현장에 흩뿌려진 피를 닦아냈다. 주위의 몇몇 노부인들이 웅성거리며 뭔가 심각하게 논의를 하는 듯 보였지만 다들 조심스럽게 이야기를 나눌 뿐이었다. 유치원생들을 데리고 나온 엄마들은 이미 아이들을 데리고 모두 어디론가 사라졌다.

얼마 후, 그 자리에서 아무것도 모르는 어떤 아이가 줄넘기를 하기 시작했다. 잠시 동안 어색하고 긴장감이 돌았던 세상은 이제 아무 일도 없었던 것처럼 다시 여느 때와 같은 한가한 오전 풍경으로 돌아왔다. 조금 전의 비극적인 사건은 이제 아무도 눈치 채지 못할 것이다.

아픔을 겪고 이겨내는 것은 아담과 이브가 선악과를 따먹은 뒤부터 인간에게 무척 친숙한 일이 되어 버리고 말았다. 아무런 아픔 없이 평생을 살면 좋으련만 아마도 그런 사람은 세상에 없을 것이다. 문제는 얼마나 그 아픔을 잘 견디고 이겨내느냐다. 그리고 거기서 한 단계 업그레이드를 하면, 아픔으로부터 뭔가 배워 또 다른 아픔에 대비할 수 있는 지혜를 배우는 것이고, 거기에서 또 한 단계 업그레이드를 하면 아픔을 통해서 '삶'이란 것 자체의 의미를 투영해볼 수 있는 깊은 깨우침을 얻을 수도 있을 것이다. 사람들이 장난스럽게 사용하는 '아픈 만큼 성숙해진다'는 말이 비단 비뇨기과에서만 통용되는 말은 아닐 것이다.

그렇다면 아픔으로부터 얻는 가장 큰 것은 무엇일까? 이것은 오로지 나 혼자만의 생각이지만, 아픔과 고통으로부터 얻을 수 있는 가장 소중한 것은 바로 '자신과의 대화'라고 생각한다. 그 대화를 통해 있는 그대로의 나 자신을 느끼고, 내가 지탱하고 누리는 '유일한 세상의 중심'을 발견하게 된다. 그리고 그 모습은 어릴 적 꿈꿔 왔던 모습과 다소 거리가 먼 것이기에 더욱 더 가엽고 어여삐 여길 수밖에 없다.

창밖으로 몸을 던진 그 부인은 고통을 참지 못해 스스로 삶을 포기해 버렸다. 따라서 자신과의 대화로부터 아무런 결론도 얻지 못한 채 그 아픔을 가족들에게 고스란히 넘겨주고 말았다. 하지만 그 고통의 외침은 사라지지 않을 것이다. 그녀의 가족들이 그 가슴 아픈 대화를 이어나갈 것이기 때문이다.

지금으로부터 10년 전, 그러니까 2001년 어느 여름날이었던 것으로 기억한다. 꽤 더운 날씨였지만 그럭저럭 견딜 만한, 반가웠던 봄기운의 여운 때문인지 아직까지도 온기가 기분 좋게 느껴지던 초여름 밤의 일이었다.

그때 나는 MD-11 화물기의 부기장으로 근무하고 있었고, 동시에 회사 비행안전관리를 맡는 부서인 '안전보안실 비행안전팀'에서 사무실 근무를 함께하고 있었다.

사무실 근무는 꽤나 힘들었지만 그래도 도전할 만한 일들로 가득 차 있었다. 그 당시 대한항공은 더욱 안전한 항공사로 한 단계 뛰어오르기 위해 회사 전체의 안전관리 시스템을 선진 항공사 수준으로 끌어올리고 있었는데, 내게는 새로운 시스템을 구축해가는 과정이 나름 보람되게 느껴졌다. 하지만 그만큼 업무에 대한 부담과 잘하고 싶은 욕심도 지나칠 정도로 심했다. 그렇다보니 날마다 야근이 이어졌고 가끔씩은 밤샘 근무를 하기도 했다.

그런 와중에도 나는 비행의 감을 잊지 않기 위해 한 달에 서너 번씩 꼭꼭 비행을 나갔다. 그런데 비행을 너무 자주 해버리면 사무실 업무에 차질이 생길 수가 있었기 때문에 사무실 자리 비우는 것을 최소화하면서도 가능한 비행을 많이 나가기 위해 사무실이 쉬는 주말을 이용해 비행을 나가곤 했다. 그러다 보니 한 달에 집에서 쉬는 날이 그리 많지 않았다.

무슨 입신양명으로 영화를 누리려는 것도 아니고, 내가 하는 일이 정말로 재미있다거나 또는 대단히 특별한 동기가 따로 있는 것도 아니었는데, 나는 과하다 싶을 정도로 몸을 사르면서 중독자처럼 일에 대한 집착을 보였다. 왜 그랬을까…?

사무실에서 하는 일이 분명 도전할 만한 가치가 있는 일이었지만, 사실 비행기를 조종하는 것이 원래의 내 일이었고, 사무실에서 하는 일은 잠시 지나가는 일종의 곁가지 일일 뿐이었다. 그런데 나중에 생각해보니 그렇게까지 일에 매달린 이유는 다른 것에 있었던 것 같다. 그것은 아마도 그 당시 한

동안 느끼고 있었던, 비행기를 조종하는 일에 대한 회의감 때문이었던 것 같다. 흠… 이 부분에 대해서는 말하기가 어렵기도 하고 어색하기도 하지만, 그래도 가능한 납득할 수 있도록 일단 설명해보고 넘어가겠다.

나는 1995년부터 비행을 배워오면서 한참 동안 비행의 매력에 빠져 살아왔다. 그러나 더 이상 조종 학생이 아닌 정식 부기장으로 일하기 시작하면서 점점 어디 한군데 빈자리를 느끼기 시작했다. 그것은 다름 아닌 창작의 목마름이었다. 이게 적절한 표현인지는 아직도 잘 모르겠다. 하지만 대충 생각해보면 이것처럼 어울리는 말도 없을 것 같다. 그러니까 서태지가 말한 '창작의 고통'과는 정반대의 의미라고 보면 되겠다.

경력이 보잘것없는 부기장에게 있어서 일에 창의성을 발휘해 그 결과물을 인정받을 만한 일은 아무것도 없었다. 더구나 당시는 비행 업무를 최대한 표준화시켜 모든 조종사들이 똑같은 방식으로 비행을 하도록 만들어가는 분위기였으니, 내가 최고 검열관이거나 회사 비행 정책을 좌우할 수 있는 자리에 있지 않다면 일을 통해 나만의 어떤 결과물을 만들어내는 것은 불가능했다. 아니, 비행에 있어 창의성을 발휘하는 것 자체가 위험한 발상으로 느껴질 정도였다. 그래서 나는 비행이 아닌 다른 쪽으로 내 목마름을 풀고 있었던 것 같다. 그것이 바로 사무실에서 하는 일이었고, 당시 동료들과 함께 안전시스템을 하나하나 구축해나가는 과정이 메마른 땅에 씨를 뿌려 밭을 갈 듯 작품을 하나씩 만들어가는 것처럼 느껴졌다.

이제와 생각해보면, 그때는 내가 집단 속에서 내 정체성을 증명하고 인정받을 수 있는 것은 나만의 작품을 통해서만 가능하다고 믿었던 것 같다. 그렇다보니 내 자리에서 말없이 내 할 일만 해서는 안 된다고 생각했던 것이다. 그러기 위해서 나는 남다른 노력이 필요했고 내 작품을 갈고닦듯이 나 자신도 갈고닦아야만 했다.

그러나 그 잘난 작품에 대한 편집증적인 집착 때문이었는지, 아니면 집단사회에서 싸워 이기고 쟁취하는 허구스런 가치를 좇기 시작한 때문이었는지, 나를 갈고닦는 일은 점점 그 능력이나 내면보다 남들에게 보이는 모습에 치중하기

© 신지수

시작했다. 그것이 진정한 내 모습이건 아니건 상관없이 말이다.

다시 그날 저녁으로 돌아가보자. 그날은 밤늦게 동남아 어디론가 MD-11 화물기를 타고 비행을 나가는 길이었다. 아마도 자카르타였던 것 같다. 이날 나는 연속된 과로로 허약해질 대로 허약해져 있었다. 불쌍한 내 몸뚱이는 오뉴월의 스쳐 지나가는 감기 몸살에도 맥을 못 춘 채 고열과 두통, 코 막힘으로 괴로워하고 있었다. 그러나 한 달에 몇 번 없는 비행인데 병가를 내고 싶지는 않았다. 이미 몸과 마음은 출발 전부터 무거울 대로 무거워져 있었고, 현관문까지 따라 나와 걱정하는 아내에게 안심을 시켜주지는 못할망정, 오만상을 찌푸리면서 아내와 눈 한 번 안 마주친 채 집을 나와 출근길에 올랐다.

스스로 비행 감이 떨어질까 두려웠을 수도 있고, 주변 사람들로부터 '사무실에서 일을 하느라 비행을 많이 못해서 비행 실력이 다소 딸린다'라는 말을 듣고 싶지 않은 이유도 있었을 것이다. 그러나… 가장 큰 이유는 아마도 '내가 이렇게 몸을 아끼지 않고 회사와 동료를 위해 열심히 일한다' 또는 '자신의 일에는 독할 정도로 철저하다'는 이미지를 스스로 만들어내려는 욕심이 아니었나 싶다. 사실은 정말 프로답지 못하고 어리석은 생각인데 말이다.

그날 함께 비행했던 기장은 브라질 출신의 기장이었는데, 지금은 다른 항공사에서 일을 하고 있다. 그는 브리핑 시간에 내 얼굴을 보고는 걱정스러운 듯 물었다.

"미스터 신, 안색이 안 좋아 보이는데 어디 아픈 거 아니야?"

"아, 기장님. 감기 때문에 컨디션이 안 좋은데요, 그래도 견딜 만합니다. 자카르타 가서 하루 푹 쉬면 괜찮을 겁니다."

"그래, 그러면 갈 때 내가 이착륙을 할 테니, 올 때 컨디션 나아지면 이착륙 하도록 해. 약도 좀 챙겨 먹고…."

"고맙습니다."

비행기에 도착해보니 정말 죽을 맛이었다. 오늘따라 비행기가 왜 이리 높아 보이는지…. 가방을 두 손에 들고 작업대 계단을 오르기가 여간 힘든 게 아니었다. 쓸쓸한 밤공기 탓인지 몸에 오한이 느껴져 조종실 온도를 높이고 담요도 몇 장 챙겼다. 이렇게 힘든데 어떻게 6시간을 비행해 갈지 앞이 막막했다. 이윽고 비행기는 출발했다. 11시를 훌쩍 넘은 늦은 밤하늘은 조용하기 그지없었다. 그나마 한가한 교통 상황이 몸 아픈 나를 도와주는 것처럼 생각되었다.

나뿐만 아니라 대부분의 사람들이 비슷하게 생각하겠지만 나는 어릴 때부터 감기란 약 먹고 버티면 저절로 낫는 병이라고 생각했다. 대체로 그 고통은 참을 만한 것이고, 그것 때문에 해야 할 일을 못하는 것은 나약한 핑계에 지나지 않는다는 생각을 갖고 있었다. 하지만 내 예상과 다르게 끔찍한 고통의 시간은 이제 막 시작되고 있었다.

비행기가 상승을 계속하는 동안 나는 조금씩 내 몸속에서 뭔가 이상한 일이 벌어지고 있음을 느끼기 시작했다. 피부에 닭살이 돋고 온몸에 전기가 흐르듯 따끔거리기 시작했으며, 지끈거리는 두통은 지금까지 느껴오던 것과는 조금 다른 것이었다. 점점 눈을 뜰 수 없을 정도로 두통이 심해지더니 급기야 속이 울렁거리기 시작했다.

높이가 2만 피트가 넘자 지독한 두통으로 눈알이 터질 것만 같았다. 입에서 신음이 새어 나오기 시작했고 이제 눈을 뜰 수조차 없었다. 처음 계획된 순항 고도인 3만 4천 피트에 다다르자 통증은 극에 다다랐다. 눈 주위와 앞머리 부분의 두통은 내가 여태까지 느껴본 그 어떤 고통보다도 더 아팠다. 눈 아래 광대뼈 근처도 아파오기 시작하더니 얼굴을 송곳으로 찌르는 것 같았다. 순간 머릿속에 '사이너스(Sinus)'에 이상이 있음을 느꼈다. 사이너스란 우리말 생리학 용어로 '부비동'이라고 하는데, 동물의 두개골 뼈와 뼈 사이에 있는 일부 비어 있는 공간을 뜻한다. 사람의 경우 코, 이마 그리고 광대뼈 근처에 이러한 공간들이 있는데, 뼈 사이에 얇은 점막으로 둘러싸여 그 안에 공기가 차 있다.

잘 알다시피 고도가 높아질수록 대기 속의 공기는 적어지고 기압은 낮아진다. 따라서 비행기를 타고 높은 곳으로 올라갈 경우, 사이너스 안에 들어 있는 공기는 주변의 공기에 비해 기압이 높으므로 자연스럽게 코를 통해 바깥으로 빠져나오게 된다. 비행기를 탈 때 신경 써서 가만히 느껴보면 상승하는 동안 코끝이 찡해 오면서 안면에 있던 공기가 빠져나가는 것을 느낄 수 있을 것이다.

그런데 그때 난 사이너스가 막혀 버린 것이었다. 뼛속에 갇힌 고기압의 공기가 바깥으로 빠져 나가지 못해 안에서 팽창하며 통증을 일으키고 있었던 것이다. 사이너스라는 것을 자가용 조종 면장 시험을 준비할 때 항공생리 과목에서 공부한 적은 있었지만, 그 통증이 이렇게까지 심각할 줄은 꿈에도 몰랐다.

나는 두 손으로 얼굴을 감싸고 눈은 모두 질끈 감은 채 이를 악물고 신음하고 있었다. 심장은 너무나 빨리 뛰고 있었으며 호흡은 거칠기만 했다. 심장과 호흡이 이렇게나 빨리 움직이는 것을 느껴본 것은 정말 오래간만이었다. 몸은 그야말로 '풀 파워'로 가동되고 있었고 폭발적인 열기가 몸을 마구 흔들어대고 있었다. 이제 조금만 더 있으면 터져 버릴 것만 같았다. 괴로워하는 내 모습을 본 기장은 걱정스러운 얼굴로 말했다.

"미스터 신, 괜찮아? 어디 아파?"

"응… 응…!"

나는 대답 대신 늑대처럼 울부짖었다. 잠시 뒤 배가 너무 아파왔다. 나는 아무 말도 못한 채 배를 잡고 정신없이 자리를 뛰쳐나가 화장실로 갔다. 갑작스레 설사가 나온 것이다. 몸에 있는 물질을 배설해내자 순간(아마 10여 초 동안이었을 것이다) 고통이 사라져 버렸다. 교감신경 때문에 극도의 긴장 상태가 되어 있는 내 몸을 부교감신경이 설사를 쏟게 해 잠시

나마 긴장을 풀게 해준 것이다.

그러나 소름 끼치는 고통은 금세 다시 찾아왔고 부교감신경은 터질 것 같은 내 몸의 긴장을 풀어주려 계속 배설을 이끌어냈다. 설사를 두 번 더 하자 이제는 더 이상 나올 것도 없고 배설 뒤 순간적으로 고통이 사라지는 시간도 아주 짧아져 버렸다.

더 이상 배설할 것이 없어지자 이번에는 구토가 나왔다. 그러나 역시 세 번 구토를 하고 나니 더 이상 게워 낼 것도 없어 마냥 헛구역질만 했고, 구역질을 해도 고통은 사라지지 않았다. 나는 조종실로 돌아가 자리에 앉아 의자를 뒤로 젖혔다. 기장의 목소리가 어렴풋이 들렸다.

"미스터 신, 괜찮겠어? 계속 갈 수 있겠어? 다시 인천으로 돌아갈까?"

어렴풋이 내가 뭐라고 대답했는지 기억이 난다.

"아니요, 그냥 갈 수 있어요. 대신 좀 쉬게 해주세요. 미안합니다. 미안합니다…."

정신이 몽롱해졌고, 어느새 필름이 끊겨 버렸다. 나는 잠이 들었다고 생각했다. 왜냐하면 꿈을 꾸었으니까. 그러나 기장은 내가 기절했다고 생각했다. 아마 대단히 겁먹었을 것이다. 내가 죽을지도 모른다고 생각할 수 있으니 말이다.

잠이든 기절이든 좌우지간 분명한 것은 내 몸속의 부교감신경이 호들갑을 떠는 교감신경을 결국 KO 시킴으로써 한참 동안 난동을 부리던 내 몸을 진정시키고 과열로부터 보호해 주었다는 것이다. 그러니까 말하자면 내 몸에 두꺼비집이 열려 버린 것이다.

꿈속에서 아버지가 나왔다.

"왜 조종사가 되려고 그러니? 무엇 때문에 여태까지 잘 다니던 회사를 그만두려고 하는 거야? 대학교 나와서 회사 취직했으면 이제는 열심히 일해서 진급도 하고 가정도 꾸려서 안정된 생활을 할 생각을 해야지, 왜 이제 와서 모든 것을 버리고 위험하게 비행기를 타겠다고 하는 거야? 사고라도 나면 어쩌려고 그래? 그리고 훈련 도중에 탈락이라도 하면 어쩌려고 그러는데? 네가 아직도 철이 없어서 그런 소리를 하는 거야!"

조종사가 되기 전에 다녔던 L전자의 과장님 모습도 나타났다.

"지수야, 니 사표 지금 수리 받을 생각은 꿈에도 하지 말고, 내가 책상 서랍 속에 잘 넣어둘 테니까 한 달만 있다가 다시 얘기해보재이. 조종사 되는 꿈도 좋고, 니가 하고 싶은 거 하는 것도 좋지만서도… 니 아나? 현실은 그런 게 아니대이. 니 거기 가봐라. 거서 니랑 전혀 다른 데서 온 빨간 마후라들 속에 섞여 있으면 앞으로 회사 생활이 잘 풀릴 것 같으나? 비행기 타는 게 니 꿈이었으면 진작 공군사관학교 가야지, 이제 와서 비행 하는 게 어디 있노? 여기 함 봐봐라. 니 선후배들 앞뒤에 쭉 깔려 있다. 여기서 니 전공도 살릴 수 있고, 선후배들 도움 받아 니 실력도 맘껏 발휘할 수 있대이. 여기가 바로 니가 있을 곳이란 말이다. 비행기 꼬리도 몬 만져 본 놈이 거 가서 뭐할라 카노!"

나는 막 조종 훈련생이 되려던 그 시절을 돌아보았다. 나는 학창 시절부터 아버지를 거역한 적이 없었고, 아버지가 원하는 대학의 원하는 학과에 진학했다. 그리고 역시 아버지가 원하는 대로 대기업에 취직도 했다.

그러나 사실 나는 이미 오래전부터 아버지가 이끌어주는 길을 더 이상 걷고 싶지 않았다. 오래전부터 그렇게 생각했지만 당신의 뜻을 거역할 용기도 없었고 능력도 없었다.

그것은 처음으로 아버지의 손을 놓고, 아버지가 이끌어주는 큰길을 떠나 나만의 골목길로 들어서는 순간이었다.

솔직히 말해서 나는 조종사가 되고 싶은 꿈을 꾸어본 적도 없었고, 이전에는 비행기에 관심조차 없었다. 내가 조종 훈련생이 된 것은 단지 아버지가 이끌어준 거대한 경쟁의 광장으로부터 벗어나 밀림과도 같은 미지의 세계로 일탈하기 위한 것이었고, 그런 와중에 가장 임팩트도 있고 멋도 있는 직업 모델을 선택한 것이 바로 조종사였다.

하지만 나는 비행을 알지도 못했고, 비행이 가진 의미도 전혀 몰랐다. 하늘을 날면서 만나게 될 너무나 크고 아름다운 모습들은 알지도 못한 채, 그저 내가 하늘을 나는 모습만 상상하고 있었다. 그런데 이날의 고통이 조종실에서 세상을 바로 볼 수 있도록 이끌어주었다.

이번에는 2000년 1월, 아내가 둘째 아이를 낳았을 때 모습이 보였다. 이때 나는 아내 곁에서 자리를 지키지 못했다. 아내는 내가 20일 동안 런던으로 출장을 갔을 때 아들을 낳고 말았는데, 사실 런던에서 나는 아내의 출산 예정일을 이유로 다른 동료들보다 먼저 귀국할 수 있는 기회가 있었다. 그런데도 괜한 고집으로 출장 일정을 다른 동료들과 함께 모두 소화했는데, 그만 아들놈이 예정일보다 며칠 빨리 나온 바람에 결국 나는 아내가 아들을 낳을 때 옆에서 손을 잡아주지 못했다.

서울에 도착한 뒤 병원에 입원한 아내 곁에 있었는데, 20일 동안의 출장으로 낮밤이 바뀐 나는 따뜻한 입원실에서 좀처럼 피곤이 가시지 않았다. 대낮부터 병든 닭처럼 꾸벅꾸벅 조는 나에게 보다 못한 아내가 안쓰러운 듯 말했다.

"런던에서 제대로 먹고 자기나 한 거야? 얼굴이 반쪽이 되어 버렸네. 피곤하면 여기 내 자리에 누워서 자."

웃기는 일이다. 아무리 힘들고 지쳐 있었다고 해도 아들을 낳은 아내의 고통과는 비교조차 할 수 없을 것이다. 아내가 예쁜 아들을 낳아 주었는데, 그런데도 그때 나는 그녀의 고통을 전혀 알지 못했고 알려고 하지도 않았다. 그러고는 염치도 없이 아내 자리에 누워 낮잠이나 자고 있었던 것이다.

정작 아픈 것은 아내인데, 누가 보면 오히려 내가 산모같이 보였을 것이다. 마치 네 쌍둥이를 낳은 산모 말이다. 그만큼 나는 너무나 이기적이었다.

그동안 나는 '내 안' 어디에도 있지 않았던 것 같았다. 그저 가상의 세계에 '나'라고 하는 모델을 만들어놓고 스스로를 꾸며왔던 것이 아닌가 하는 생각이 들었다. 내 몸과 내 마음이 하는 이야기를 귀담아듣지 않았고, 내 편할 대로 나를 꾸며왔던 것 같다. 회사에서의 나, 친구들 속에서의 나, 집에서의 나, 미니홈피와 블로그에서의 나, 그리고 소셜 네트워크에서의 나. 그 어디에도 진짜 '나'는 없는 것 같았다. 어릴 때는 분명히 나였는데, 언제부터인지 나를 느꼈던 기억이 가물가물해져 버렸다. 그게 언제부터였던가?

내가 '나'라고 느껴야 정말 '나'인 것 아닌가? 그날 비행기 조종실 안에서, 그리고 꿈속에서 비로소 나는 내 몸과 마음이 전해주는 소리를 들을 수 있었다.

"쿵… 쿵… 쿵… 쿵…"

"하악… 하악… 하악… 하악…"

내 몸이 고통스러워하는구나.

내 마음이 멍들어 있었구나.

양심이 말해주는 소리를 귀 기울여 듣지 않았구나.

비행기가, 하늘이, 이제야 못난 내게 그것을 가르쳐주는구나.

나는 세상의 중심을 발견했다. 그리고 그 한가운데 서서 내가 안고 있는 아름다운 세상을 새로 볼 수 있었다. 내가 만들어왔던 내 모습은 세상의 중심도 아니었고, 그것이 안고 있는 세상은 진짜 세상이 아니었다.

몸은 내게 늘 말을 걸어온다. 아프면 아프다, 배고프면 배고프다고 말이다. 그리고 마음도 내게 늘 말을 걸어준다. 친절하게도 어떻게 해야 마음이 편할지 언제나 일일이 가르쳐준다. 그런데 나는 이런 소리들을 너무 무시하고 살아온 것이 아닐까? 그저 귓등으로 들었던 것은 아닐까?

정말 고맙게도 아픔은 깨달음도 될 수 있나 보다. 물론 상처가 남을 수도 있지만 말이다. 나는 그날, 태어나서 처음 겪어본 지독한 고통 속에서 내 몸과 내 영혼을 느낄 수 있었다.

거친 숨소리,
터질 것 같은 심장 박동,
잔뜩 긴장한 온몸의 근육,
끊어질 것만 같은 인대들,
전율이 멈추지 않는 거미줄 같은 신경조직들,
열기를 뿜어내며 숨 쉬는 피부,
깨질 것 같은 두개골,
그리고
살고 싶은 욕망,
새 생명이 태어나는 숭고한 고통,
사랑하는 사람을 보고 싶은 마음,
어느 순간 집을 나가 버린 내 자의식,
집 나간 내 영혼을 합리화하기 위해 팔아 버린 내 양심.
하늘을 우습게 보았고,
자연을 무시했던 내 무지…

나는 이제 원래의 내 모습으로 돌아가기 위해 흐트러진 조각들을 주워 담을 것이다. 내 모습으로 돌아오면 다시 세상의 중심이 되어 찌그러진 힘의 축을 복구할 것이다. 이 고통이 모두 지나면 말이다.

© 신지수

어둠 속에 정적이 느껴졌다. 조종실에 촘촘히 박힌 작은 불빛들이 아름답게 느껴졌다. 마음이 편해지고 몸은 더 이상 아프지 않았다. 이제 고통은 끝난 것인가? 마음속에 눈물이 가득 차올랐다.

비행기는 1만 피트를 지나고 있었다. 낮은 고도로 내려가자 외부 기압이 다시 높아지면서 내 사이너스 속에 차있던 공기도 더 이상 밖으로 나오려고 발버둥치지 않았고, 자연스럽게 통증도 사라졌다.

"기장님, 어떻게 된 거예요?"

"미스터 신, 깨어났구나! 너 기절해서 내가 얼마나 놀랐는데…. 인천으로 돌아가고 있어. 이제 조금 있으면 내릴 거야. 그냥 계속 쉬어. 이제 안 아파?"

"네, 이제 저고도로 내려오니 괜찮아요. 미안합니다."

"아니야! 정신 차려줘서 고마워. 사실 계속 거칠게 숨을 쉬다가 얼마 전부터 갑자기 숨소리가 안 들려서 얼마나 놀랐는지 몰라. 그런데 숨이 멎은 게 아니라 숨이 안정되어서 숨소리가 작아진 거였어. 정말 다행이다."

기장에게 정말 미안했다. 얼마나 놀랐을까? 그리고 이 비행을 다시 하려면 나 대신 다른 부기장이 불려 나와야 할 텐데, 누군지 모르지만 벌써 연락이 가서 짐 싸서 나왔겠지. 누군지 몰라도 나중에 인사를 해야겠다.

회사에도 미안했다. 두어 시간분의 비행 연료를 낭비해 버린 것 아닌가? 이거 어떻게 보상해야 할까? 내 몸 상태를 관리하지 못해 회사로서는 손실이 발생하고 말았다.

인천공항에 내리자 119 구급차가 기다리고 있었고, 나는 곧바로 인천공항 응급센터로 이송되었다. 응급센터에 도착하자 졸린 눈을 하고 나온 당직 레지던트가 안경을 닦아 고쳐 쓰며 내게 물어보았다.

"도대체 어디가 아프신 거예요?"

"예, 부비동…그러니까 사이너스가 막혀서 두통이 심했는데 이제 괜찮습니다."

의사는 허무한 표정을 지었다.

"사이너스요? 그런 의학 용어를 어떻게 아세요? 게다가 사이너스는 뼈로 둘러싸인 부분이라 통증을 못 느끼는데요?"

"……?"

"그리고 두통이 좀 났다고, 아무리 화물기지만 비행기를 회항까지 시키나요?"

"네… 통증이 좀 심했죠."

"네… 그럼 어떻게 할까요? 링거라도 맞으면서 좀 주무시다가 가시겠어요?"

"아니요, 그냥 집에 가겠습니다."

더 이상 할 말이 없었다. 젊은 레지던트가 항공생리에 대해서는 잘 모르나 보다. 나는 웃어 보이며 발길을 돌렸다. 집에 돌아와보니 아내가 놀라서 잠도 못 자고 기다리고 있었다.

"어떻게 된 거야? 얼마나 놀랐는데! 아픈데 왜 고집부리고 비행을 나간 거야?"

아내가 울상이 되어서 큰 소리로 나무랐다.

"미안해. 내가 참을성이 좀 모자라서 고통을 못 참고 기절해 버렸나 봐. 끝까지 정신줄 놓으면 안 되는데…."

아기 침대에서 자고 있는 아들 얼굴을 보았다. 이제 18개월 된 아기가 천사처럼 곤히 자고 있었다. 나는 고개를 절레절레 저으며 아내에게 말했다.

"당신이 아이들 낳을 때 고통에 비하면 이건 아무것도 아닐 텐데…. 미안해."

진짜 미안했다. 아내는 어색하게 웃어 보였지만 머쓱한 표정 속에는 어린애 같은 밝은 표정이 있었다. 나는 내 삶을 살기 위해 안간힘 써 왔지만 그것은 사실 내 삶을 부정하는 일이었다. 내 가족과 함께 사는 내 모습이, 내 동료와 내 친구와 함께 사는 내 모습이, 그리고 내 자연 속에 있는 모든 것들과 함께 사는 내 모습이 내 삶의 진정한 모습이었다.

사건이 있었던 다음날 나는 종합병원에서 CT와 MRI로 정밀검사를 받았다. 검사 결과 이미 내 콧속에는 공기가 전혀 통할 수 없을 정도로 굳어 버린 고름이 가득 차 있었고, 이것을 완전히 없앨 때까지 비행을 할 수 없는 상태였다. 담당 의사는 수술과 약물치료 가운데 어떤 것이 좋을지 고민하다 결국 약물치료로 방향을 잡았다. 시간은 더 걸리지만 그래도 칼을 대는 것보다 낫다는 생각을 했나 보다. 약물치료는 약 2개월이 걸렸다. 독한 항생제 치료를 마치고 나니 콧속은 깨끗하게 청소가 되어 있었다.

그렇게 치료를 받는 동안 나는 비행은 하지 않았지만 병가를 내지도 않았다. 치료를 받으면서도 사무실 근무는 계속할 수 있었기 때문이다. 물론 당시 비행 안전팀장이었던 분의 배려가 크기도 했다.

그런데 신기한 사실은, 그 일이 있은 다음부터 내 일에 대한 비정상적인 집착이나 중독 증세를 떨쳐 버리게 되었다는 것이다. 처음에는 예전처럼 열심히 일하지 않는 것처럼 보일까 봐 염려가 되었지만 막상 시간이 지나고 보니 아무도 거기에 대해 의식하지 않았다. 그동안 나 혼자 쇼를 하고 있었던 것이다. 오히려 강박증을 보이던 과거의 내 모습이 남들에게 부담스럽게 보였을 수도 있었겠다는 생각이 들었다. 고통을 겪고 나니, 이제 모두 정상으로 돌아온 것이다.

고통은 나쁜 것이 아니다. 나에게 외치는 나의 울림이다. 집 떠난 내 영혼이 그 소리를 듣고 나에게로 다시 찾아오는 것이다.

©kotkoa

/09/

어머니 대자연

Mother Nature

"어머니 대자연은
날개 달린 기계를 멋지게 날게 해준다.
그녀의 따뜻한 품속에서
서로를 믿고 사랑하는 한."

2010년 6월, 또다시 나로호가 떨어졌다. 잘 날지도 못하는 앤데, 하얀 새 옷에 태극기 달아 불붙여 날려 보냈다. 사람들은 실패는 성공의 어머니라고 위로하며 인간이 있어서는 안 될 영역을 향해 몇 번이고 다시 도전할 것이다. '나로', 그런 예쁜 이름 지어주지나 말지…. 도전도 좋지만 과학자와 엔지니어들은 어린 나로호의 희생을 함께 슬퍼해주기 바란다. 나 역시 나로의 명복을 빈다.(진심이다. 혹시 내가 이상한 사람으로 보이더라도 너그러이 넘어가주기 바란다.)

고작 1킬로미터도 되지 않는 하늘 아래 인간 세상에서 날개 달린 기계는 문명의 상징이자 자랑거리다. 그러나 인간이 있어서는 안 될 영역에 들어가면 녀석들은 그저 보잘것없이 작고 연약한 물건에 지나지 않는다. 날개 달린 기계는 조종사가 믿고 사랑해주지 않으면 경외로운 대자연 속에서 마음껏 날지 못한다. 서로의 사랑과 의지 그리고 믿음이 대자연의 순리이며, 위대한 대자연은 순응하는 존재를 감싸 안기 마련이기 때문이다.

지난 5월 말, 나는 부산 김해공항을 떠나 방콕 스완나품 공항으로 가는 비행기에 몸을 실었다. 부산 날씨가 좋지 않아 내가 이어 조종해야 할 연결 항공기가 한 번의 고어라운드(착륙을 시도하다가 착륙하지 못하고 다시 상승하는 것)를 한 뒤 늦게 게이트에 도착했다. 물론 우리의 출발도 30분 가까이 늦어졌다.

비 오는 날 비행할 때마다 느끼는 것이지만 병아리 유치원생처럼 노란 우비를 입고 외부 점검을 나갈 때면 쑥스러운 와중에도 바보같이 마음이 들뜬다. 누군가 '기장님 예뻐요'라고 말해주지 않을까 하고 기대해보지만 역시나 아무도 관심이 없다. 어쨌든 아쉬운 마음으로 브리지 계단을 내려가 바깥으로 나갔다. 비가 억수같이 오고 있었다.

'오늘 전국에 비가 많이 왔는데 국내선 다니느라 정말 수고했다. 더구나 고어라운드까지 했으니 얼마나 지쳤겠니? 내 얼른 따뜻한 나라로 데려가줄게….'

비행기 여기저기를 만지며 어디 아픈 데는 없는지 구석구석을 살펴보았다.

'7710, 이 녀석 벌써 열 살이 넘었지? 이제는 늠름하구나. 억수 같은 빗속에도 끄떡없어 보이는구나!'

외부 점검을 마치고 기분이 좋아 1번 타이어를 손바닥으로 탁 쳤다. 탄력 있는 느낌이 손바닥에 전해지며 경쾌한 소리가 터져 나왔다.

"아야…!"

손바닥이 좀 아팠다, 주먹으로 칠 걸 그랬다. 조금 늦은 출발이었지만 우리는 즐거운 마음으로 김해공항을 이륙했다.

조종을 맡은 부기장이 뜨자마자 절차에 따라 왼쪽으로 날개를 기울였고, 비행기는 비바람을 가르며 힘차게 왼쪽으로 돌아 높이 올라가기 시작했다. 잠시 뒤 구름을 뚫고 날아오르자 비행기는 우주를 헤엄치는 외로운 파랑새가 되었다. 오늘따라 더욱 밝은 달이 우리의 길을 차갑게 비춰주고 있었다.

비행은 아주 평화로웠다. 다소 흔들릴 것으로 내다봤던 지역도 별 문제없이 지나갔다. 일찌감치 서비스를 마친 객실 승무원들은 승객들 사이를 다니며 단잠에 빠진 승객들을 친절한 눈길로 살피고 있을 것이다. 이렇게 4시간 동안의 조금 지루하지만 평화로운 비행 끝에 드디어 방콕 하늘에 들어섰다.

사실 출발 당시 방콕 스완나폼 공항의 날씨는 좋을 것으로 예보되어 있었다. 도착 방송을 위해 날씨 정보를 받았을 때에도 별 특이한 보고는 없었다. 그러나 강하를 요구했을 때 스완나품 공항 관제사들이 이상하게도 고도를 잘 낮춰주지 않았다. 이착륙하는 비행기도 별로 없는 한밤중에 말이다.

그런데 눈앞에 조금씩 구름이 나타나 피해야 하는 상황이 생기기 시작하더니 공항에 다가오자 급기야 기상 레이더에 시뻘건 괴물들이 스멀거리기 시작한다.

"이거 뭐야? ATIS(공항기상정보) 다시 들어보자!"

기내 데이터 통신장치로 날씨 정보를 받아보았다. 그러나 아직 업데이트가 안 되어 있었다. 잠시 뒤 관제사는 우리를 접근 관제소로 넘겨주었으며, 주어진 주파수를 맞추었을 때 드디어 상황을 가늠할 수 있게 되었다. 몇 대의 항공기가 공항에 접근을 하지 못하고 체공 비행을 하고 있었으며, 우리도 곧바로 1만 4천 피트에서 체공을 하도록 지시받았다.

일단 지시에 따라 체공비행 준비와 연료 계산을 하고 있는데, 본사 운항통제센터에서 위성통신을 통해 전화를 걸어왔다. 전화를 받자마자 모든 상황을 알고 있는 듯 담당 운항관리사가 필요한 정보들을 제공해준다.

"기장님, 방콕 돈무앙 공항이 날씨가 좋으니 교체 공항(기상 악화 등으로 착륙이 어려울 때를 대비해, 미리 정해놓은 주변 공항)을 현재 계획된 유타파오 공항에서 거리가 가까운 돈무앙 공항으로 바꾸고, 남은 연료로 최대한 홀딩(체공비행) 하시기 바랍니다. 이 지역 선더스톰이 늘 그렇듯이 곧 이동할 것 같습니다."

"잠깐만요, 돈무앙 위치 좀 확인하고요."

돈무앙 공항은 방콕 시내에 있는 공항으로, 목적지인 스완나폼 공항에서 아주 가까운 곳이다. 인천공항과 김포공항의 거리와 비슷하다고 보면 되겠다. 따라서 교체 공항을 바꾸기 전에 돈무앙 공항이 현재 광범위하게 분포되어 있는 선더스톰의 영향권에 있는지부터 확인해봐야 했다. 내비게이션 시스템으로 확인해본 결과 다행히 돈무항 공항은 선더스톰의 풍상(風上) 쪽에 있었으며, 빠르게 이동하는 선더스톰의 영향권에서 천천히 벗어나고 있는 중이었다.

"예, 돈무앙 기상 좀 불러주세요. 교체 공항 바꿔보겠습니다."

운항통제센터는 기다렸다는 듯 빠르게 날씨 정보를 불러주었고, 돈무앙으로 교체 공항을 바꾸면 얼마나 더 체공할 수 있는지 물어보았다. 나는 FMS(비행 전반을 관리하는 컴퓨터)에 교체 공항을 바꾼 뒤 연료 상황을 점검해보았다. 그때 운항통제센터에서 기다리지 못하고 재차 물어온다.

"돈무앙으로 회항하는 데 1천5백 파운드의 연료가 필요한 것으로 계산됩니다. 그것을 뺀 나머지 연료로 기상 상황이 좋아질 때까지 가능한 홀딩 하는 게 좋을 것 같습니다. 얼마나 홀딩 할 수 있습니까?”

내가 너무 동작이 느린 건가? 서둘지 않고 천천히 연료 계획을 세워보았다. 일단 운항통제센터에서 말한 대로 비행 계획을 입력해놓으니 유타파오 공항으로 가는 약 7천 파운드의 연료 중 1천5백 파운드를 뺀 5천5백 파운드를 체공 연료로 더 사용할 수 있게 되었다. 대략 25분 정도의 연료다. 여기에 추가로 1천8백 파운드 정도의 여유 연료가 있으므로 합하면 대략 35~40분의 연료를 체공에 쓸 수 있다는 계산이 나온다.

그런데 만약, 체공비행만 하다가 스완나폼 공항에 착륙하지 못할 경우 과연 1천5백 파운드로 다시 돈무앙 공항까지 날아가서 착륙할 수 있을까? 물론 계산상으로 맞을 수는 있겠다. 그렇다면 시간상으로 따져보자. 음… 1천5백 파운드면 7,8분의 소모 연료량이다. 8분 안에 돈무앙 공항에 내릴 수 있을까? 차트도 꺼내야 되고, FMS도 다시 셋업 해야 하고, 브리핑 하고, 체크리스트 하고, 더구나 날씨가 나쁘니 항공기들의 움직임도 느릴 테고…. 물론 1천5백 파운드 말고 규정상 마지막 보루로 남겨두는 7천 파운드의 연료가 더 있다. 그러나 그것은 정말 비상상황에서 쓰는 것이지 미리부터 그것을 고려해서 계획할 수는 없는 노릇이다. 결국 나의 좌우명인 '룰 어브 썸(Rule of thumb)'으로 돌아왔다. 사실 별로 건전하지 않은 좌우명일지도 모르겠다. '까짓 대~충!'이란 뜻이 들어 있으니까.

'날씨가 안 좋거나 트래픽 붐빌 때에는 한 번 접근 착륙하는 데 4천 파운드!'

통상 활주로 주변을 한 번 돌아 착륙하는 데 약 2천 파운드의 연료면 충분하지만, 날씨가 나쁘거나 항공 교통 체증으로 착륙하는 비행기의 흐름이 지체되는 경우 이것의 두 배인 4천 파운드가 소모될 것으로 내다보고 계획한다는 뜻이다. 그야말로 심플하다. 하지만 판단하기 빠르고 믿을 만하다. 따라서 계산은 쉽게 떨어졌다. 이제는 대략 총 5천 파운드의 연료가 이 법칙에 따른 여유분이 되었다. 이 정도 연료라면 현재 고도와 무게를 감안할 때 25분 정도 체공이 가능하다. 그런데 여기서 장사하며 손해 보지 않으려는 네고 본능이 발동한다.

"네, 우리 약 20분 홀딩 가능합니다!"

하하하… 그 와중에 5분을 잘라낸다.

"…음, 알겠습니다. 방콕에도 운항관리사가 모니터하고 있으니 컴퍼니 라디오(비행기와 회사 지점 간 무선통신) 모니터 하시면서 최대한 홀딩 해주십시오."

"네, 고맙습니다."

계산이 조금 이상하다는 의구심을 지우지 못하고 있을 운항관리사와의 통화는 이렇게 끝나고 우리는 체공비행에 들어갔다. 다행히 한밤중이라 비행기가 많지 않아 우리의 착륙 순서는 세 번째였다. 우리 앞에는 에미레이트 항공과 에어차이나 항공이 각각 한 대씩 체공 중이었고, 뒤에는 타이 항공이 있었다.

만약에 대비해 돈무앙 공항의 차트를 확인해놓고 한숨을 돌린 뒤, 착륙 지연에 대한 기내 방송을 했다. 사무장에 따르면 손님들은 다들 잘 자고 있단다. 주말이라 대부분 신혼여행객들인데, 뉴스를 들어 알다시피 요새 방콕의 치안 상황이 좋지 않아 오늘 비행기에도 손님들이 그리 많지 않았다.

긴장을 풀 겸 화장실에 갔다가 커튼을 살짝 걷어 승객들을 보았다. 가운데 넓은 자리들을 그냥 비워둔 채 양쪽 창가 쪽에만 커플 티셔츠를 입은 남녀가 소복이 앉아 서로 얼굴을 비비며 자고 있었다. 아직 신부 화장도 못 지운 채 헤어까지 딱딱하게 고정된 커플이 눈에 들어오자 피식 하고 웃음이 나왔다. 피곤하지만 행복한 얼굴들이었다. 이들을 보고 있으니 나도 모르게 웃음이 나왔다.

'모두들 행복하구나…. 이 사람들 방콕에 도착하면 장밋빛 출발이 기다리고 있겠지. 잊지 못할 고운 추억 만들 수 있어야 할 텐데…. 진심으로 결혼 축하합니다.'

나도 모르게 이들의 행복을 마음속으로 빌고 있었다, 정말 진심으로…. 이 거친 하늘 속에서 다 같이 비행기와 한몸이 되어 있다고 생각하니 모두가 내 동생 같고 가족 같았다. 따뜻한 눈길로 승객들을 바라보고 있는데 뒤에서 사무장과 승무원들이 격려해준다.

"모두들 주무시니 객실은 걱정 마세요. 날씨가 나쁘지만 우린 믿어요, 기장님. 안전운항 부탁드려요."

"힘내셔요, 기장님! 빠샤!"

"……"

나, 바보인가? 이런 멘트에 감동 먹는다. 사무장을 와락 끌어안고 싶지만 오늘은 여사무장이라 손 한 번 못 잡고 눈으로만 인사했다. 웃으면서 따뜻한 커피를 손에 쥐여주는 여승무원들…. 빙그레 웃음 짓는 표정 속에는 하나같이 피곤이 가득 담겨 있다. 하지만 이보다 더 예쁠 수는 없었다.

다시 조종실에 들어왔다. 커피를 한 모금 마시며 바깥을 보았다. 거대한 선더스톰이 우리가 체공하는 곳에 더욱 가까이 다가왔다. 부기장이 간단히 상황을 브리핑 해준다.

"선더스톰이 점점 가까워지니 피해야겠습니다. 여기서 뒤로 물러나면 공항으로부터 점점 멀어지니 선더스톰이 약한 부분으로 통과해 반대쪽으로 가서 체공하는 것이 낫지 않겠습니까?"

"오케이!"

이런 훌륭한 부기장이 있나? 정확한 지적이었다. 우리는 연료를 아껴야 한다. 우리는 선더스톰의 풍하(風下) 쪽에 있으므로 선더스톰을 피해 자꾸 물러나면 수완나폼과 돈무앙 두 공항 모두 멀어진다. 어차피 접근하기 위해서는 이 선더스톰을 돌아 넘어가야만 한다. 나는 접근 관제소에 벡터(Vector : 관제소가 항공기의 진행 방향을 정해주는 것)를 요구했다. 정확히 기억나지 않지만 대충 이렇게 말했다.

"Bangkok approach, Korean air 661 request vector heading to cross around CBs. CBs are being close to us, cannot maintain holding pattern. (방콕 접근 관제소, 대한항공 661편이다. 선더스톰 건너편으로 넘어가도록 레이더 벡터로 방향 지시를 해 달라. 선더스톰이 점점 가까워져서 더 이상 체공비행을 유지할 수 없다.)"

그런데 우리 영어가 어설펐는지 관제소가 잘못 알아들었나 보다. 버럭 화를 내며 말하길(그냥 느낌을 섞어 의역해서 쓰겠다),

"지금 활주로는 헤비레인(heavy rain)에 측풍 풍속은 거스트(gust : 돌풍) 최고 52노트다. 아무도 접근 못한다. 그냥 가만히 홀딩 하고 있어라!"

아마도 우리가 접근 착륙하겠다고 요청하는 걸로 잘못 알아들었나 보다. 어쨌든 우리만큼이나 긴장한 관제사에게 더 이상 말을 걸지 않고 좀 더 기다리기로 했다. 세 바퀴째 체공을 하고 있었으니 대략 15분 정도 지났다. 운항통제센터에 말해준 체공 시간까지 5분 남았고, 내가 계획한 시간까지는 10분 정도 여유가 있었다.

밝은 달 아래 거대한 검은 커튼이 오른쪽에서 다가오고 있었다. 너무너무 거대했다. 근육질의 선더스톰은 꿈틀거리는 것이 눈에 보일 정도였으며 근육 사이사이로 끊임없이 섬광을 번뜩이고 있었다. 마치 하늘에 떠 있는 모든 것을 삼켜 버릴 기세였다. 체공 지역을 벗어나기 위해 관제사에게 다시 한 번 벡터를 요청하려던 순간 관제소가 비행기들을 부른다.

"Emirate XXX, now surface cross wind is reduced to 19knots with some gust. Do you want to approach? (에미레이트 항공, 지금 측풍 거스트 19노트다. 접근을 시도하겠는가?)"

"No thanks, sir. I have fuel, like to hold more for a while. (노 땡큐. 우린 연료 여유 있다. 좀 더 체공하겠다.)"

"Roger that. (알겠다.)"

"Air China YYY, wind is reducing. Do you want to

approach?(에어차이나 항공, 바람이 줄어들었다, 접근 시도하겠는가?)"

"Negative, we want to divert to Utapao airport. Request route clearance to Utapao. (아니다, 우리는 이만 유타파오로 회항하겠다. 유타파오로 가는 항로 허가를 내 달라.)"

"Roger, standby. (알겠다, 기다려라.)"

"Korean 661, you wanna try? (대한항공 661편, 접근하겠는가?)"

활주로 상으로부터 선더스톰이 조금씩 멀어지는 것 같다. 이러다 내가 첫 번째로 접근하게 생겼다. 에미레이트 항공처럼 좀 더 홀딩하고 싶지만, 달랑 10분의 연료 여유분으로 내 순서를 헌납하면 언제 다시 내 차례가 올지 모른다. 고민스러웠지만 결정은 빨리 내려졌다.

"Affirmative, we'll shoot the approach! (그렇다, 접근하겠다!)"

"Roger! Korean 661 heading 010, descend to 6000 feet! (알겠다! 대한항공 661편, 기수 방향을 010로 돌리고 6천 피트까지 강하하라!)"

바빠졌다. 일단 업데이트된 기상을 다시 받아보았다. 활주

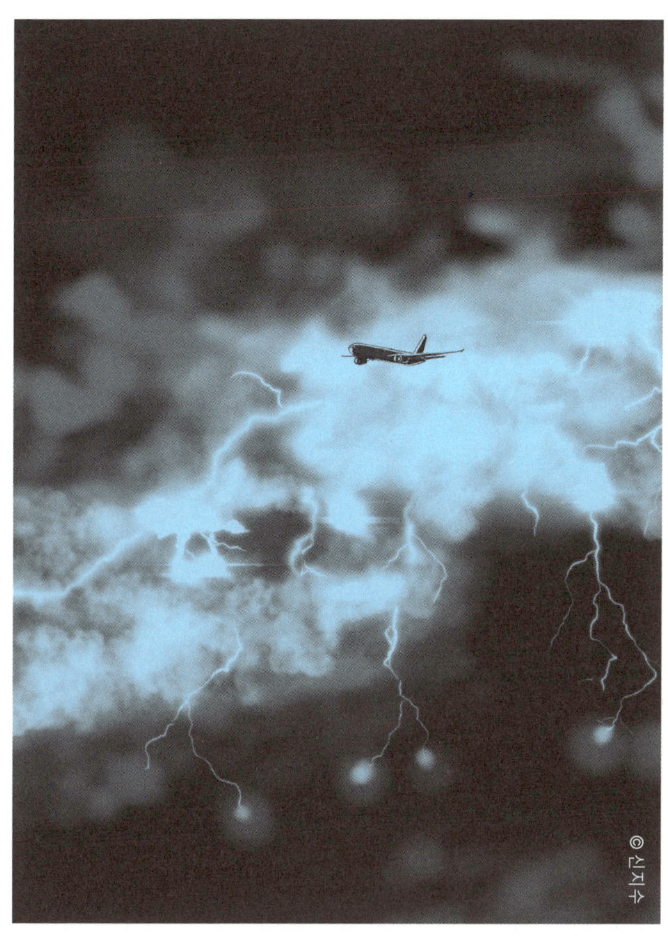
© 신지수

로 표면 바람은 제한치 이내였다. 활주로 노면 상태에 대한 보고는 없었으나 강수 상태가 강, 중, 약 가운데 중으로 보고되어 측풍 제한치는 20노트까지 넓혀 적용할 수 있었다. 시정도 어느 정도 좋아져서 측풍 20노트까지 자동 착륙을 할 수 있는 조건인 것 같았다.

"그래, 조금씩 상황은 좋아지는 것 같다. 오토랜딩(자동 착륙) 제한치 내에 있는 한 오토랜딩 하자."

"예, 지금 정측풍 거스트 19노트에 강수 상태도 중(中)이니 오토랜딩 할 수 있습니다."

측풍이 많이 불면 안전하게 착륙할 수가 없다. 따라서 착륙할 때에는 측풍 제한치가 있는데, 비가 오지 않고 제동 성능이 좋은 상태에서 제한치는 30노트다. 그러나 미끄러운 노면 상태가 되면 측풍 제한치가 줄어드는데, 당시 강수 상태로는 제한치가 20노트로 줄어들어 있었다. 또한 자동 착륙을 하기 위한 측풍 제한치도 있는데 이것 역시 20노트다. 따라서 19노트면 착륙도 가능하고, 더구나 자동 착륙도 가능한 바람의 양이라는 것을 상기시켜 주는 부기장의 조언이었다.

부기장의 당찬 확인을 들으며 선더스톰의 끝자락을 향해

검은 커튼을 왼쪽에 끼고 돌아나가기 시작했다. 기상 레이더를 뚫어지게 쳐다보며 건너갈 수 있을 만큼 구름이 약한 부분을 찾아 지속적으로 관제소에 새로운 '헤딩'을 요구했다. 구름을 피하기 위해 계속해서 새로운 기수 방향으로 비행할 것을 허가해 달라고 요청했던 것이다. 관제사는 우리 상황을 다 알고 있다는 듯 고맙게도 알아서 구름을 피해 날아가라 한다. 그러고는 선더스톰을 건너가면 보고하라고 했다. 좌석 벨트 사인을 켜고 사무장에게 인터폰을 했다.

"이제부터 많이 흔들릴 테니 일단 모두 앉으세요!"

"벌써 우리는 착륙 준비 다 마치고 앉아 있어요, 기장님. 걱정 마세요!"

뭉게뭉게 구름 속을 들락날락하며 비행기는 가끔씩 심하게 흔들렸다. 조종실 창문 앞에는 구름 속에서 발생하는 정전기가 유리창을 타고 기분 나쁘게 번쩍거리고 있었으며, 구름 속에서 발생하는 특유의 타는 냄새가 조종실 안으로 스며들었다. 가끔 심한 비가 조종실 유리를 마구 쳐대기도 했다. 사람이 있어서는 안 될 곳에 왔기 때문일까? 구름은 우리에게 한껏 텃세를 부리고 있었다.

바짝 긴장한 상태에서 꽤 오랫동안 구름 사이를 헤집고 난 뒤, 마침내 세상이 뻥 뚫리며 하늘과 땅이 보였다. 우리는 곧바로 마지막 접근을 위한 벡터를 요구했고, 관제사는 벡터 헤딩과 함께 접근 허가를 내려주었다. 관제사가 업데이트된 활주로 기상 상황을 이야기해 주었는데, 바람은 270도 방향에, 거스트 14노트라고 했다. 활주로 방향이 190도이므로 정측풍 14노트를 예상해야 했다. 비는 심하게, 그리고 다시 약하게 줄어드는 것을 되풀이했다.

최종 접근 단계에 들어서자 활주로 불빛이 선명하게 눈에 들어왔다. 검은 커튼은 활주로 왼쪽 3~5마일까지 물러나 있었다. 커튼은 올라갈수록 오른쪽으로 휘어져 마치 거대한 파도 아래를 서핑 하는 것 같았다. 비는 계속 내리고, 비행기는 춤을 춘다. 비행이 아니라 거친 파도를 항해하는 것 같았다.

정말 장관이었다. 잔뜩 화난 선더스톰은 끊임없이 번개를 지상에 내리꽂았다. 지상에 닿은 번개는 뽀얀 먼지를 내뿜었고, 대지는 무방비 상태로 섬뜩한 번개의 에너지를 꾸역꾸역 소화해내고 있었다. 마치 레이저 총이 빗발치는 제국의 모함을 분쇄하는 스타워즈의 한 장면과도 같았고, 십자포화 속에서 고향 땅을 향해 전진하는 Civil War의 병사가 된 것 같기도 했다.

검은 선더스톰은 자신의 세를 과시하듯 천천히 그러나 위엄 있게 꿈틀거렸고, 거센 비바람은 우리의 비행을 조롱하듯 수다스럽게 창문을 때려댔다. 그러나… 놀랍게도 이 험한 밤하늘의 파도가 아주 짧은 순간 갑자기 마술의 주문에 걸린 듯 너무나 아름답게 보이기 시작했다.

'대자연은 우리를 결코 버리지 않을 것이다. 순응하는 존재를 절대 파괴하지 않을 것이다. 나는 내 비행기를 너무나 사랑하고, 내 동료들을 절대 믿으며, 내 승객들의 아름다운 미래를 존경한다.'

지금 이곳에는 검은 우주를 유영하는 한 날개 달린 기계와 그 안에 몸을 실은 사람이란 유기물질이 한몸이 되어 있다. 그들은 서로 믿고 의지하며 사랑하고 있다. 흥겨운 장단에 춤추는 장난스런 기류와, 화려한 스플레쉬 레이저쇼에 몸을 맡긴 채 경이로운 '어머니 대자연'이 차려준 황홀한 축제의 한 부분이 되어 있는 것이다.

검은 커튼은 든든한 울타리로 보였다. 끊임없이 내리꽂는 번개는 화려한 레이저 조명이었으며, 천둥은 우리의 착륙을 환영해주는 팡파르와 같았다. 돌풍은 계속해서 날 헹가래 쳐주고 있었다. 비는 수다스럽기도 하고 간혹 귀찮게 느껴지기도 했지만 그래도 참 곰살맞은 친구다. 나에게 계속 스킨십을 해주고 있으니 말이다.

나는 내 고향, 내가 태어난 어머니 자연을 심연에서 느끼고 있었으며 결코 싸우려 하지 않았다. 그저 가볍게 두 팔을 옆으로 뻗은 채 어머니가 인도해주는 길을 따라갈 뿐이었다. 화려한 축제는 이제 막 시작하였으며 우리는 주인공이 되어 천천히 여유 있게 고향을 향해 헤엄치고 있었다.

1천 피트 지점에서 착륙 허가를 받고 최종적으로 날씨 상황을 점검했다. 착륙 접근할 때 보통 3도 각도로 강하하므로, 1천 피트 지점이면 착륙하기 전 대략 6킬로미터 전이고 시간으로는 약 2분 전이다. 조금은 바람이 줄어들어 우측풍 12노트 정도가 불고 있었으며 자동착륙을 할 수 있는 조건이었다.

나는 부기장과 함께 자동 착륙을 결정했으며 언제든 접근을 중단하고 다시 날아올라 갈 준비를 하고 있었다. 신나는 환영 행사였지만 자연이 너무 기쁜 나머지 우리가 착륙하지

© 신지수

못할 정도로 흥분할 수도 있으니 말이다. 그런 상황이 되면 내가 할 수 있는 일은 오직 한 가지, 바로 고어라운드다. 그러고는 아쉬움을 뒤로한 채 지체 없이 돈무앙 공항으로 가야 한다.

그런데 이상하다! 보고 받은 지상풍은 분명 우측풍이었는데 실제로 계기에 보이는 바람은 정풍에서 좌측풍으로 서서히 돌고 있었다. 바람 강도는 12~15노트로 크지 않았으나 여전히 비행기는 거친 돌풍 속을 날고 있었다.

'조금 있으면 우측풍으로 급격히 풍향이 바뀌겠구나….'

나는 긴장했다. 바람의 방향이 급히 바뀌면 그만큼 비행자세와 비행경로는 불안해지고 자칫 착륙할 수 없는 상황이 될지도 모른다. 곧이어 2백 피트 최저 결심고도가 되었다. 정밀 유도 접근인 ILS 접근을 할 때는 최종 2백 피트 지점이 결심고도다. 이 고도를 통과할 때 활주로가 분명히 보이고, 안전한 착륙을 할 수 있을 것으로 판단하면 착륙을 계속하고, 그렇지 않으면 착륙을 중단하고 고어라운드 해야 한다. 나는 코앞의 활주로를 노려보며 '랜딩!'이라고 외쳤다. 그런데 바람은 여전히 좌측풍이다.

'이런…! 도대체 언제 바람 방향이 돌아가는 거야?'

더욱 긴장한 채 고어라운드 준비를 했다. 낮은 고도에서, 특히 착륙 직전에 바람의 방향이 바뀌면 위험할 수 있기 때문이다. 나는 창밖 활주로와 '속도-고도-자세'계기, 그리고 바람 방향과 세기를 나타내는 계기를 분주하게 스캔하고 있었다. 내 눈은 완전히 REM(Rapid Eye Movement : 꿈을 꿀 때 눈이 빨리 움직이는 현상) 상태였다.

어쨌든 땅은 점점 다가왔다. 1백 피트가 되어도 바람 방향은 바뀌지 않았다. 여전히 좌측풍 12노트다. 나는 계속 긴장한 채 고어라운드 준비를 했다. 잠시 뒤 고도계 자동 음성경보가 나왔다.

"Fifty, Forty…"

비행기가 왼쪽으로 기울어졌다. 6,7도 정도.

'이런, 왔구나!'

나는 추력 조절 레버를 꼭 쥐었다. 이제 고어라운드 해야 한다!

"Thirty, Twenty…"

그런데 막 고어라운드 하려는 순간, 기울어진 항공기가 용을 쓰며 다시 중심을 잡았다. 바람 방향의 변화는 있었지만 다행히 그리 크지 않았던 것이다. 용감한 우리의 7710이 능숙한 솜씨로 '으랏차차…!' 하면서 착륙 자세를 잡아내고야 만 것이다. 올림픽 체조 경기였다면 10점 만점에 10점이다!

"Retard!"

하하! 7710이 이제 엔진 추력을 줄여도 좋단다! 나는 이 녀석을 믿고 추력 조절 레버를 천천히 뒤로 뺐다. 비행기는 축축한 활주로에 가볍게 내려 앉았고 접지력이 약한 상태에서 균형을 잃지 않으려 꼬리를 조금씩 흔들어댔다. 활주로 바닥을 꾹 누르며 엉덩이 밑으로 접지력이 확보된 느낌이 오자 곧바로 엔진 역추진 장치를 사용해 조심스럽게 속도를 줄였다. 점점 속도가 줄고 빠져나갈 유도로 불빛이 눈에 들어오자 뭐라고 말하기 힘든 에너지가 목구멍 위로 솟아 나왔다.

"이얍! 그렇지!"

별 뜻도 없고 멋없는 감탄사였지만 내 얼굴을 쳐다보는 부기장은 이 기분을 충분히 이해하고 있었다. 눈빛으로 서로의 기분을 주고받으니 아직도 우리는 한몸이었다.

지상 이동을 하는 동안 비는 더 억수같이 오기 시작했다. 비가 더욱 강렬한 포옹으로 착륙한 우리를 환영한 것이다. 게이트로 이동하는 동안 다시 하늘을 보았다. 번개는 아직도 여기저기 정신없이 내리꽂고 있었고, 그 사이를 뚫고 또 한 대의 비행기가 땅으로 귀환하고 있었다. 내 뒤에 있던 타이 항공이었다.

그 뒤에 꼬리를 물고 접근하는 비행기들의 불빛이 밤하늘의 별과 같았다. 역시 모두들 뒤뚱거리고 있었지만 하나같이 늠름해 보였다.

'7710아, 네 친구들 봐라. 멋지지 않니? 하지만 오늘은 네가 대장이다!'

하늘은 여전히 검었지만 더 이상 성난 얼굴이 아니었다.

우리가 그렇게도 기특한지, 요란한 환영의 박수는 도무지 멈출 줄 몰랐다. 도착 뒤 승객들이 브리지를 통해 내리는 모습이 보였다. 신부들은 자기 신랑의 팔에 매달려 있었고, 사랑스런 신부를 쳐다보는 신랑들의 입은 귀에 걸려 있었다.

'예쁜 아기 낳아 행복하게 사세요….'

나는 이들의 행복을 진심으로 빌고 있었다. 승객이 모두 내리고 난 뒤, 승무원들은 서로 앞장서 웃으며 '수고하셨습니다'를 기운차게 외치고 있었다. 지점장도 직접 나와 웃으며 인사해주었다. 한꺼번에 웃는 얼굴들을 마주하니 조금 쑥스러웠다. 머쓱한 웃음을 지으며 조종실을 나온 나는, 잠시 브리지 밖으로 나가 비행기를 살펴보았다. 미안했다. 부산에서도 고생했는데…. 하지만 과묵한 7710의 얼굴에서 왠지 자랑질 하고 싶은 능글맞음이 느껴졌다. '까짓 거 뭐 대단하다고….'라고 말하는 것 같았다. 나는 웃음을 지으며 간단히 고개를 숙여 인사를 한 뒤 비행기를 떠났다.

힘든 비행이었던 만큼 또 한 번 많은 것을 배웠다. 나는 믿게 되었다. 대자연은 순응하는 우리를 절대 버리지 않을 것이라고. 서로 믿고 존경하고 의지하며, 그리고 사랑하는 것이야말로 사람이 자연에 순응하며 사는 유일한 길이라 생각했다.

세상에 어느 것도 대자연에 순응하지 않으면 살 수 없다. 바람이 불면 나무가 흔들리고, 나무가 흔들리면 열매가 떨어지며, 열매는 다른 동물을 먹여 살리고 씨앗을 맺게 한다. 나무를 흔들리게 한 바람은 결국 새로운 생명을 탄생시키는 에너지가 되는 것이다. 이런 성스러운 에너지는 늘 대자연 속을 헤엄쳐 다니며 선순환하고 있다. 아무리 과학이 발전하고 인간이 스스로의 한계를 넘는다 할지라도 이 경외로운 대자연의 움직임을 바꿀 수는 절대 없다. 또한 바꾸려 해서도 안 된다.

나로호를 성공적으로 발사하기 위해서 과학자들은 이것을 깊이 생각해보기 바란다. 과학을 잘 모르지만, 조종사들은 늘 날개 달린 기계가 보고 느끼는 것을 함께 보고 느끼기 때문에 작은 조언이 될 수 있을 것이다. 날개 달린 기계는 사랑과 믿음 없이 홀로 대자연과 싸워 이길 수 없다. 대자연은 대자연의 순리를 어기는 것을 그대로 두지 않는다.

대자연 속에서 날개 달린 기계는 너무나 약하고 하찮은 존재다. 날개 달린 기계는 진정으로 자연을 존경하고 순응하는 마음으로, 서로를 믿고 사랑하는 사람의 손에 의해 날려 보내져야 한다. 그래야만 외롭지 않게 은빛 날개 번쩍이며 멋지게 날 수 있으며, 대자연은 그를 푸른 하늘 속에서 마음껏 헤엄치도록 품어줄 것이다.

오늘 아낌없이 듬뿍 받은 어머니 대자연의 에너지는 아마도 저기 떠나는 신혼여행객들의 사랑 속에 흠뻑 스며들어 있을 것이다. 앞으로 그 에너지가 이들의 사랑 속에서 새로운 생명으로 꽃핀다면 그 가운데는 언젠가 오늘의 하늘과 다시 만나(데쟈뷰를 느끼며) 어색한 인사를 나눌 미래의 조종사가 있을지도 모른다. 만약 그렇게 된다면 정말 극적인 에너지의 순환이 아닌가?

조종사들은 늘 험한 자연과 살결을 맞대고 있다. 언제나 힘든 상황을 이겨내고, 때로는 운이 좋아 최악의 상황을 피하기도 한다. 그럴 때마다 과학기술보다 자연의 힘이 얼마나 위대한지 느끼게 마련이다. 그런 위대한 자연의 힘도 사실은 누구

©wirestock

하나의 '큰' 힘이 아니다. 그것은 자연을 이루는 모든 개체의 '작은' 힘들의 합이다. 곧 순응하는 모든 개체의 힘을 뜻하는 것이고, 물론 그 개체는 인간만을 뜻하는 것이 아니다.

모든 개체는 자연 앞에서 동등하다. '날개 달린 기계' 역시 내 형제요, 내 친구다. 결국 당신과 다르지 않은 존재다. 알고 보면 세상에 특별한 것은 없다.

초판 닫는글

조종실

유리창 너머로 보이는 ——— 세상

©wirestock

내가 이 책에서 다루고 있는 가장 대표적인 소재는 아마 '유리창'일 것 같다. 나는 비행을 하면서 늘 유리창을 통해 바깥세상을 보고 있다. 조종석 앞에 놓여 있는 유리창을 윈드 쉴드(Wind Shield)라고 부르는데, 나를 보호해 주고 바깥세상을 바로 보게 해주는 아주 중요한 역할을 한다.

비행기 객실 안의 풍경을 한번 상상해보자. 맨 앞 일등석에는 승무원이 명품 미소를 날리며 따라주는 와인 한 잔으로 입맛을 돋우는 VIP손님이 있고, 이코노미 클래스 맨 뒤에는 보채는 아기를 안은 채 주위의 따가운 시선을 피하느라 동분서주하는 아주머니가 있다. 비행기도 결국 하나의 인간 사회라서 각기 다른 사회에 속한 사람들이 각기 다른 돈을 내고 각기 다른 서비스를 받고 있는 것이다.

그러나 지금 그들 모두의 바람막이가 되어주는 얇은 비행기 유리창 밖에는 어떤 현상들이 벌어지고 있을까? 그곳에는 영하 50도의 추위와 산소마스크 없이는 단 30초도 버티기 힘든 냉혹한 자연이 버티고 있다. 엄청난 에너지를 품은 선더스톰이 당장이라도 비행기를 잡아먹을 기세로 번개를 쏟아내고 있으며, 제트기류는 초속 100미터의 엄청난 바람으로 와류를 뿜어내고 있다. 비행기 내부는 사람들에게 익숙하도록 지상의 사회를 본떠 만들어놓았지만, 자연은 그 속에 들어 있는 그 누구도 편애하지 않고, 그 누구와도 타협하지 않는다. 모두에게 절대 공평하다.

지상의 인간 세상에 익숙한 사람들은 비행기 피부와 맞닿아 있는 이런 냉혹한 현실을 이해하기 힘들 것이다. 하지만 비행기가 하늘을 향해 떠오르는 순간, 이미 그들은 인간 세상을 떠나, 원래 인간이 있어서는 안 되는 거대한 자연의 품속으로 뛰어든 것이고, 자연이 던져준 가느다란 동아줄 한 가닥을 붙잡은 채 위대한 어머니 자연에게 우리의 생명을 맡기고 있는 것이다.

작고 보잘것없는 날개에 기대어 냉혹한 자연과 마주하고 있는 것이 바로 '현실'이고, 호텔처럼 편안하고 쾌적한 기내에서 맛있는 식사를 하는 모습은 매트릭스에 존재하는 '가상'인 것이다.

사실은 나도 처음 비행기를 조종할 때는 유리창 앞에 펼쳐진 세상이 현실처럼 느껴지지 않았다. 알록달록한 계기 위에서 춤추는 바늘과 숫자들이 뜻하는 바를 현실로 느끼지 못했다. 마치 책상에 앉아 컴퓨터 게임 속의 가상현실을 체험하듯이 '현실'과 '가상'의 경계가 혼란스러웠다. 아니 혼란스러웠다기보다 '그게 무슨 상관인가?'라고 생각했을지도 모른다. 현실이든 가상이든 그저 조종을 잘해 비행기가 잘 뜨고 내리면 되는 것이지, 그런 것을 따질 필요성을 느끼지 못했던 것 같다.

그러나 세월이 지나 수없이 많은 날을 비행하면서 비행이 내게 주는 의미가 무엇인지 고민하는 시간이 쌓여갔고, 내가 일하는 조종실이 어떤 곳인지 조금씩 느낄 수 있게 되었다.

'나는 저 유리창 한 장으로 냉혹한 현실과 마주하고 있다.'

내 비행기에는 6만 파운드의 힘을 가진 제트엔진이 두 개나 있지만, 저기 유리창 너머의 공기는 수억 파운드의 힘으로 나를 짓누를 수 있다. 내가 조종하는 비행기는 인간 세상에서는 그토록 뽐내는 과학문명의 자랑거리지만, 이 푸른 하늘 속에서는 티끌만큼이나 작고 연약하기 그지없는 기계에 지나지 않는다.

날 수 있게 된 것을, 사람들은 마치 자신들의 능력으로 자연을 극복하고 정복한 것으로 오해하고 있다. 그러나 그렇지 않다. 수많은 실패를 딛고 최초로 동력 비행에 성공한 라이트 형제나, 죽음을 무릅쓰고 최초로 대서양을 횡단한 린드버그나 모두 같은 생각을 했을 것이다, 자연은 정복하는 대상이 아니라고!

그들은 자신과 자신의 비행기가 위대한 자연 속에서 얼마나 하찮은 존재인지를 잘 알고 있었을 것이다. 하늘 속으로 자신을 던져 넣을 때, 그들은 자연과 싸워 이기는 것이 아니라 위대한 자연 속에 한 부분이 되어 조화될 수 있도록 간절히 바랐을 것이다. 결국 자연은 그들의 믿음과 의지를 인정해주었고 사람도 새처럼 하늘을 날 수 있도록 허락해준 것이다.

하늘은 오늘도 나에게 가르침을 준다.
창밖에 보이는 이 멋진 풍경은
리셋이나 로그아웃 할 수 없는
나의 '현실'이라는 것을,
그리고 지금 내 눈앞에 보이는 '현실'은
바로 내 마음 깊이 느끼고 있는
'진실'이라는 것을.

신지수의 비행 일기 <시즌 1>

파일럿의,　　시간

개정판 1쇄 펴낸날 | 2025년 9월 10일

글그림 | 신지수
펴낸이 | 안동권
펴낸곳 | 책으로여는세상

책임편집 | 김선영
디자인 | design_Luna

출판등록 | 제2012-000002호
주소 | 경기도 양평군 강상면 강상로 476-41
전화 | 070-4222-9917　　팩스 | 0505-917-9917
E-mail | dkahn21@daum.net

ISBN 978-89-93834-64-2 (03810)

좋·은·책·이·좋·은·세·상·을·열·어·갑·니·다